KB124850

모든 성공은 긍정의 말에서 시작된다

모든 성공은 긍정의 말에서 시작된다

유성은 지음

중앙경제평론사

머리말

세계적인 불황, 청년실업, 양극화 등 많은 어려움이 우리 앞에 놓여 있다. 개인의 삶을 어렵게 만드는 사회의 구조적 모순도 여전하다. 부정적인 분위기에 국민들은 불안하다. 특히 청년들의 사기가 상당히 저하되었다. 매우 불행하고 안타까운 일이다. '헬조선', '흙수저'라는 말에서 노력해도 헛수고라는 절망감을 읽는다.

그러나 어두울수록 별은 더 밝게 빛난다. 잘 찾으면 답답한 현실에도 작은 숨구멍이 보인다. "할 수 있다." 한마디가 부정적인 생각을 지운다. 당장 바꾸기 어렵다면 지금 내가 할 수 있는 일부터 하나하나 시작하자. 뜻밖의 길이 보인다. 우리 안의 잠재력을 최대한 활용하자. 하늘은 스스로 노력하는 자를 돕는다.

여기에 대한 좋은 모범을 우리의 선조 이순신이 보여주었다. 그는 불가능을 가능으로 바꾼 위대한 긍정의 화신이다. 이순신은 이길 가능성이 거의 없었던 명량해전 바로 전 임금을 이렇게 설득했다. "신에게는 전선이 아직도 12척 있습니다. 죽기를 각오하고 막아지키면 오히려 해낼 수 있습니다. 비록 전선은 적지만 신이 죽지 않았으니 적은 감히 우리를 무시하지 못합니다."

그의 관점은 임금과 조정, 부하들의 생각까지 바꾸었다. 그는 명량해전 전날 장수들에게 말했다. '필사즉생 필생즉사(必死則生 必生則死, 죽고자 하면 살고 살고자 하면 죽는다).' 수적으로 절대적인 열세 속에서 싸워야 했던 군사들도 이순신과 함께 위대한 역사를 썼다. 조선 수군 13척이 왜선 133척과 싸워 크게 승리했다.

이순신은 임진왜란에서 23전 23승을 거두었다. 그에게서 불패의 정신, 철저한 긍정주의를 배우자. 그러면 삶에서 우리가 꿈꾸고 바라는 일을 이룰 수 있다. 긍정은 행복과 번영을 가져오는 힘이다. 평생 내면의 긍정적인 요소를 잘 찾아 부지런히 활용해야 한다. 그것이 우리를 끝까지 지켜주는 힘이다.

이 책은 긍정의 힘을 기르고 활용하게 하는 지침서다. 긍정의 힘은 체계적이고 반복적인 훈련으로 향상된다. 책과 함께 여행하다 보면 생각과 행동에 미묘한 변화가 찾아오고 내면을 지배하던 부정적인 잔재를 없애는 데 도움이 되리라 믿는다.

나는 거창한 변화보다 점진적 성장에 중점을 두고 독자에게 실제적인 방법을 제시하려 한다.

1장에서는 긍정의 힘을 기르는 기본단계 7가지를 설명했다.

2장에서는 긍정의 힘을 기르고 활용하는 전략 8가지를 제시했다.

3장에는 긍정적인 자세로 역경에 멋지게 대처한 위인 9명의 이야기를 담았다.

부록에는 긍정에 관한 짧은 글 15편을 수록하고 긍정 관련 명언 100가지를 인용했다.

나는 이 책으로 젊은이들에게 강한 도전의식을, 열등감의 늪에 빠진 사람들에게 용기를 불러일으키려 한다. 실패해서 좌절한 사람들에게는 희망을, 인생을 가치 있게 살려는 사람들에게는 올바른 방향을 제시한다.

나는 긍정의 힘을 믿는다. 젊을 때 노먼 빈센트 필의《적극적 사고방식》을 탐독하고 브리스톨이 쓴《신념의 마력》도 여러 번 읽었다. 그 밖에도 긍정 관련 책을 다양하게 섭렵했다. 청년 시절 심한 열등감에 사로잡혔으나 긍정의 힘으로 극복했다.

직장에 다닐 때 첫 책을 냈다. 많은 독자에게 긍정적인 영향을 주면서 내 자아상이 완전히 달라졌다. 책을 계속 집필하면서 기업체 강의를 나가고 방송에도 출연했다. 대학 강단에서 십수 년 동안 학생들을 가르쳤고 법원에서 다양한 사람에게 인생 상담도 해주었다. 내 인생이 매우 다양하고 풍요로워졌음은 물론이다.

자신이 살아온 여정을 깊이 살펴보고 지금 모습을 객관적으로 평가하자. 쉽지 않으나 이 과정이 자기 발전의 시초다. 익숙한 사고와 행동에서 과감히 탈출하자. 편안함과 안전함만 추구하면 삶은 제자리에 머물거나 퇴보한다. 이 책을 여러 번 읽고 실천방안을 꾸준히 연습하기 바란다. 그러면 긍정적인 습관이 몸과 마음에 배어들고 행복과 성공도 따라오리라 믿는다.

나는 여러 해 전부터 긍정에 관한 책을 집필하고 싶었다. 꾸준히 자료를 모으고 다양한 구상을 했다. 한동안 심하게 앓았는데 책을 쓰면서 건강이 점차 회복되었다. 특별한 경험이었다. 그래서 더 기쁘고 감사하다. 글을 잘 다듬어 산뜻하게 윤문해주신 김혜진 선생님께 감사드린다. 이 책을 위해 수고를 아끼지 않은 중앙경제평론사 김용주 대표님과 직원 여러분에게 깊은 감사의 말씀을 올린다.

양지마을 쌍용예가 서재에서

유성은

차례

3장 긍정주의자의 슈퍼 모델

부록 긍정주의에 관한 짧은 글과 100가지 긍정 명언

1장

긍정의 힘을 기르는 기본단계

삶의 성공은
태도에 달려 있다

○○◐

삶은 인생에 어떤 일이 생기느냐보다
우리가 어떤 태도를 갖느냐에 따라 결정된다.

태도가 중요하다

많은 학자가 성공을 연구했다. 그들은 공통적으로 성공의 핵심 요인이 '태도(Attitude)'라고 말한다. 유명한 정신의학자 칼 메닝거 (Karl Augustus Menninger) 박사도 "태도는 사실보다 항상 중요하다"라고 말했다.

우리가 성공적으로 살려면 환경, 지식, 기술과 같은 요소들이 필요하다. 그러나 그보다 각자 지닌 태도가 더 중요하다. 태도는 가치관, 철학, 인생관을 포함하는 정신적 자세다. 우리 태도는 오랫동안 몸과 마음에 형성되었으며, 한번 습관이 된 태도는 쉽게 바뀌지 않는다.

태도는 크게 긍정적인 태도와 부정적인 태도로 나눈다. 태도가 긍정적인 사람은 밝은 인생관을, 부정적인 사람은 어두운 인생관을 지녔다. 전자는 낮처럼 환한 세상에서 살고 후자는 밤처럼 캄캄한 세상에서 산다. 어떤 일이든 긍정적인 사람은 밝은 면을, 부정적인 사람은 어두운 면을 본다. 같은 사물을 보아도 해석하는 관점이 각각 다르다. 내 삶의 모든 사건을 더 긍정적으로 받아들이는 자세가 삶의 기본이다.

다음 이야기를 읽고 긍정적인 태도와 부정적인 태도를 비교해 보자.

정탐꾼 12명 이야기

약 3,500년 전 이스라엘 지도자 모세는 하나님의 명령을 좇아 이집트에서 400년간 노예로 살던 이스라엘 백성을 탈출시켰다. 모세는 이집트에서 백성 약 200만 명을 이끌고 가나안 땅 접경까지 왔다. 요단강 하나만 건너면 가나안이었다. 여기까지 왔을 때 모세는 가나안을 정복하기 위해서 정탐꾼을 보냈다. 선발된 열두 지파 대표 12명은 가나안 땅에 몰래 들어가 40일간 정탐하고 돌아왔다. 그들은 모세와 백성들 앞에서 보고대회를 했다. 12명 중 10명은 다음과 같이 말했다.

"우리에게 가라고 하신 그 땅에 갔습니다. 그곳은 정말 젖과 꿀이 흐르는 곳입니다. 이것이 바로 그 땅에서 난 과일입니다. 그러나 그 땅에 사는 백성은 강하고, 성읍은 견고한 요새 같은 데다 매우 큽니다. 우리는 그 백성을 못 이깁니다. 우리보다 더 강합니다. 우리는 스스로 보기에도 메뚜기 같지만, 그들에게도 그렇게 보였을 것입니다."

그런데 여호수아와 갈렙은 달리 보고했다.

"올라갑시다. 올라가서 그 땅을 점령합시다. 우리는 반드시 이깁니다.""우리가 탐지하려고 두루 다녀본 그 땅은 매우 좋습니다. 주님께서 우리를 사랑하신다면, 그 땅으로 우리를 인도하십니다. 젖과 꿀이 흐르는 그 땅을 우리에게 주십니다. 다만 여러분은 주님을 거역하지 마십시오. 그들은 우리의 밥입니다. 그들의 방어력은 사라졌습니다. 주님께서 우리와 함께 계시니 그들을 두려워하지 마십시오."

백성들은 어떻게 반응했을까. 사람들은 다수 의견에 끌린다. 백성들은 부정적인 보고에 영향을 받아 소리 높여 아우성쳤고 밤새도록 통곡했다. 그들은 크게 낙담해 "차라리 이집트로 돌아가자!"라고 소리쳤다. 그뿐만 아니라 긍정적으로 보고한 정탐꾼을 돌로 쳐 죽이려고 했다.

정탐꾼 12명은 같은 일을 달리 보았다. 10명은 부정적인 면, 2명은 긍정적인 면을 보았다. 전자는 믿음이 없었고 후자는 믿음이 있었다.

그 후 어떻게 되었는가. 부정적인 보고를 한 정탐꾼과 그 말에

동조한 백성은 모두 광야에서 방황하다 차례로 죽어갔다. 그런데 긍정적인 보고를 한 여호수아와 갈렙은 나중에 2세대 백성을 이끌고 가나안 땅에 당당히 들어갔다.

정탐꾼 12명은 모두 같은 지역에서 같은 기간 정보를 수집하고 돌아왔다. 그들은 모두 자신들이 정탐한 땅이 매우 아름답다고 보고했다. 그렇지만 10명은 가나안 땅의 거인들에 비해 자기 자신이 '메뚜기 같다'고 했다. 이에 반해 2명은 가나안 땅의 거인들을 자신의 '음식'이라고 했다. 자기가 메뚜기처럼 나약하다고 생각하는 사람은 이미 패배자다. 그런 태도로는 가나안 땅을 얻지 못한다. 가나안 땅을 정복하려면 여호수아와 갈렙처럼 긍정적인 태도를 가져야 한다.

이 옛이야기에서 위대한 교훈을 얻는다. 우리 태도가 삶의 방향을 결정하며 성공과 실패 여부를 결정한다. 부정적인 태도는 멸망으로 치닫게 하지만 긍정적인 태도는 문제를 복으로 바꾸는 지름길이다. 긍정적인 태도를 향상하는 것이 성공적인 지도자가 되는 첫걸음이다.

당신은 긍정주의자인가

사람은 남녀가 구별되어 태어난다. 그렇다면 태어날 때부터 긍정주의자와 부정주의자로 나뉘는가? 아니다. 인간은 태어날 때는 누구나 긍정주의자다. 어린이를 살펴보면 안다.

젖먹이 아이를 방에 두고 나와 보라. 아이가 막 울어댄다. 자기에게 관심을 가져달라, 자기는 그만한 가치가 있다는 뜻이다. 어린이는 이 세상이 자기를 중심으로 돌아간다고 생각한다. '천상천하 유아독존'이다. 엄마, 아빠, 형, 누나 모두 자기를 위해 존재한다고 생각한다. 그들에게는 모든 것이 새롭고 신기하다. 할머니가 어린 손자손녀에게 매일 똑같은 옛날이야기를 들려주어도 싫증을 내지 않는다. 단조로운 놀이를 계속해도 마냥 흥겨워한다. 친구와 싸워도 곧 헤헤 웃으며 같이 논다. 그리고 '내가 어른이 되면……'이라고 말하며 희망을 품고 산다. 나뭇가지가 위로 자라듯 어린이는 늘 미래를 향해 뻗어가려고 한다. 잠시도 가만히 있지 않고 매우 활동적이다. 어린이의 상상력은 끝이 없고 불가능 또한 없어 보인다.

아이는 자신에게 어려움이 닥쳐도 불행이라고 여기지 않는다. 어려움이 닥쳐도 자신에게 유리한 상황으로 바꾼다. 과거를 후회하고 미래를 불안해하기보다 온전히 현재를 즐긴다. 살아 있음을 기뻐한다. 어린이는 긍정주의자의 전형적인 모습이다.

그러다가 나이를 먹으면 달라진다. 자기 뜻대로 안 되는 일을 많이 경험하면서 한계를 깨닫는다. 이와 함께 부정적으로 생각하는 습관도 익혀 몸에 배게 된다. 실패하거나 예기치 않은 재난을 만났을 때 극복하지 못하면 신세와 운명을 한탄한다. 성공했으나 우울증에 걸려 불행하게 사는 사람도 많고, 심지어 노벨상까지 받았으나 자살한 사람도 있다. 높은 산에 올라갔다가 골짜기로 추락했다.

긍정의 힘은 삶의 끝까지 유지하고 활용해야 한다.

성공이나 행복을 맛보지 못하고 평범하게 사는 사람도 적지 않다. 긍정의 가능성을 모르고 활용하지 못하기 때문이다.

긍정의 능력을 간단하게 실습해보기 바란다. 하루 동안 미소 짓고 긍정적인 생각으로 명랑하게 말해보라. 사소한 행동이 변화를 가져온다. 이런 습관이 일생 지속된다면 누구나 삶을 바꿀 수 있다.

당신의 긍정 수준은 어느 정도인가

당신이 과거에 어떤 길을 걸어왔든 현재 모습을 돌아보고 확인하는 일은 항상 가치 있다. 아래 문항 20개를 읽고 긍정 수준을 점검해보라.

1. __ 긍정적인 인생관과 가치관을 가지고 있다.

2. __ 매사에 긍정적인 언어를 사용한다.

3. __ 비전, 열정, 목표의식이 강하다.

4. __ 자신이 하는 일을 귀중하게 생각한다.

5. __ 건강상태가 좋으며 표정이 밝고 목소리가 힘차다.

6. __ 주도적으로 행동한다.

7. __ 실패와 좌절을 잘 극복한다.

8. __ 다소 도전적이고 모험적이다.

9. __ 자신감이 넘친다.

10. __ 변화에 잘 적응한다.

11. __ 참을성이 뛰어나고 매우 모호한 상황에서도 잘 견딘다.

12. __ 모순된 상황에서도 좀처럼 실망하지 않는다.

13. __ 자신을 행운아로 생각한다.

14. __ 타인을 함부로 판단하지 않고 장점을 보려고 노력한다.

15. __ 다른 사람의 행복에 관심이 많다.

16. __ 문제해결에 능숙하다.

17. __ 가능성에 초점을 맞춘다. 좋은 면을 바라본다.

18. __ 질문과 호기심이 많다.

19. __ 늘 배우고 익힌다.

20. __ 현재 상황을 만족스럽게 여기며 미래도 상당히 좋을 거라고 생각한다.

위 문항으로 당신의 긍정 성향을 파악할 수 있다. 아울러 진정한 긍정주의자가 되려면 무엇이 필요한지 알게 된다.

【긍정주의가 유익한 점】

- 육체적·정신적 건강 증진에 도움이 된다. 면역력이 증가하고 장수한다.
- 원만한 인간관계를 형성한다.
- 건전한 자존심을 유지하며 실패나 다른 사람의 비난에 유연하게 대처한다.
- 근심, 걱정, 염려를 다스리고 더 밝은 미래를 꿈꾸며 산다.
- 항상 마음에 기쁨이 살아 있다.
- 도전과 변화를 즐긴다.
- 과거를 잊고 현재에 집중한다.
- 성공사례와 재미있는 일화를 많이 만든다.
- 다른 사람과 행복을 나눈다.
- 감사와 만족이 넘치는 삶을 산다.

긍정주의와
부정주의

◯◯◗

세상의 중요한 업적은 대부분 희망이 보이지 않아도
끊임없이 도전한 사람들이 이루었다.

긍정주의와 부정주의

1925년에 노벨문학상을 받은 영국의 극작가 조지 버나드 쇼 (George Bernard Shaw)에게 기자가 '긍정적 인간과 부정적 인간'의 차이점을 말해달라고 주문했다. 그는 식탁에 놓인 위스키 병을 가리켰다. "간단합니다. 이 병에 술이 절반 있습니다. 부정적인 사람은 '허 참, 술이 절반밖에 안 남았군!' 하지만 긍정적인 사람은 '됐어. 술이 아직 절반이나 있어'라고 합니다." 술의 양은 똑같으나 보는 눈과 생각의 방향에 따라 차이가 크다. '……밖에'와 '……이나'라는 미묘한 차이가 긍정적인 사람과 부정적인 사람을 구분하는 기준이 된다.

그는 또한 "20세기의 비극은 인간들의 부정적 사고에 있다"라고 말했다. 부정적인 사고는 염세적이고 비관적이다. 긍정적인 사고는 낙관적이고 희망적이다.

긍정주의의 위력

긍정은 삶을 행복과 성공으로 이끄는 위대한 힘이다. 긍정은 또한 이상적인 인간의 조건이기도 하다. 일찍이 아리스토텔레스는 다음과 같이 말했다.

"이상적인 인간은 삶의 불행 속에서도 위엄과 품위를 잃지 않고 견뎌내 긍정적인 태도로 그 상황을 최대한 이용한다."

위대한 성인은 이미 이상적인 인간의 조건으로 '긍정'을 내세웠다. 불행한 환경을 유연하게 받아들이고 이를 행복한 삶으로 나아가는 계기로 여기는 동물은 인간밖에 없다. 그러한 까닭에 긍정은 인류 역사에서 가장 위대한 스승이다. 돈도 안 들고 힘들게 헤매지 않아도 불행을 행복으로 바꾸는 놀라운 긍정주의, '할 수 있다'고 선포하면 시작되는 삶의 기적, 그러한 순간은 누구에게나 찾아온다. 우리 모두의 당연한 권리다. 비전, 열망, 희망, 성공, 행복은 모두 '긍정'으로 통한다.

그런데 긍정은 '모든 것이 잘된다'는 근거 없는 낙관이 아니다. 역경과 좌절을 이기는 강인한 힘이다. 고산을 오르는 등산가들은 좋은 생각을 끊임없이 하는 것이 진통제라고 믿는다. 산에 오를 때

'힘들다', '괴롭다', '두렵다', '짜증 난다'고 하면 더 힘들다. 그리고 나쁜 생각을 자주 하면 산소가 더 많이 소모되어 체력이 빨리 떨어진다. '괜찮다', '할 수 있다', '견딜 수 있다'고 말하면 좀처럼 지치지 않는다.

노먼 빈센트 필(Norman Vincent Peale)은 베스트셀러《적극적 사고방식(The power of Positive Thinking)》의 저자다. 필 박사는 원래 수줍음을 많이 타는 청년이었다. 그런 그에게 대학 시절 한 교수가 스스로를 믿고 하나님이 도와주실 것을 신뢰하라고 격려했다. 필은 기도하고 믿었으며 마침내 '긍정적 사고' 개념을 창안했다. 그는 불행한 사람들을 공감하고 배려했다. 행복하지 않으면 자신의 잠재력을 발휘하지 못하고, 개인이 불행하면 사회가 어려워진다고 생각했다. 필은 많은 저서, 설교, 강연, 잡지로 전 세계 사람들에게 긍정적인 사고를 전파했다.

에디슨의 긍정주의

미국 뉴저지주에 웨스트오렌지라는 작은 마을이 있다. 이곳에 토머스 에디슨(Thomas Alva Edison)의 실험실이 있었다. 1914년 12월 어느 날, 이 실험실에 불이 나서 실험실이 하룻밤 사이에 잿더미가 되었다. 에디슨이 60년 동안이나 다루어온 연구재료, 성과물 그리고 당시 200만 달러의 값어치에 해당하는 연구시설이 한순간 불꽃으로 사라지고 말았다. 이 사실을 전하려고 아버지에게 달려온

아들 찰스는 차마 입이 떨어지지 않았다. 어떻게 설명해야 할지, 무슨 말로 아버지를 위로해야 할지 난감했다. 간신히 사실을 전한 아들에게 에디슨은 뜻밖의 반응을 보였다.

"찰스야, 어서 네 어머니를 찾아오너라. 평생에 두 번 다시 못 볼 광경을 함께 보러 가야겠다!"

67세 노인 에디슨은 아내와 함께 불이 난 실험실로 달려가 잿더미를 바라보며 말했다.

"이 재난에는 위대한 가치와 교훈이 있소. 우리의 모든 과오는 이렇게 다 탔소. 우리는 이제 다시 시작할 수 있게 되었소. 하나님께 감사합시다."

누구라도 그런 일에 부닥치면 아연실색하여 길게 한탄할 것이다. 그러나 에디슨은 초연했다. 이런 긍정의 태도를 지녔기에 그는 발명왕이 될 수 있었다.

부정주의의 파괴력

행복하기를 바라면서도 부정적 사고에 결박되어 살아가는 사람들이 상당히 많다. 긍정적 사고는 사랑과 생명, 에너지의 원동력이다. 반면에 부정적 사고는 부정적인 삶으로 인도한다. 인생은 생각대로 흘러간다. 우리가 부정적 생각에서 벗어나야 하는 이유다.

부정적 사고가 왜 파괴적인가. 신체와 정신에너지를 소진하며 긍정적 사고와 창의성을 막아버리기 때문이다. 그리고 일의 효율을 떨어뜨리고 실수를 일으킨다. 스트레스와 염려를 유발하며 분노를 일으키고 질병을 가져온다. 사람의 흥미를 앗아가고 소통을 방해한다.

인간은 누구나 주위 환경과 주변 사람들에게서 부정적 사고의 영향을 받는다. 이것은 인간의 숙명이다. 그러므로 부정적 사고의 위험을 알고 이에서 벗어나려고 끊임없이 노력해야 한다.

존 아사라프(John Assaraf)와 머레이 스미스(Murray Smith)는 말했다. "우리는 17세가 될 때까지 '아니, 넌 할 수 없어'라는 말을 평균 15만 번 듣는다. '그래, 넌 할 수 있어'는 약 5,000번 듣는다. 부정과 긍정의 비율이 무려 30 대 1이다. 이런 까닭에 '난 못 해'라는 믿음이 마음속에 강하게 자리 잡는다."

미국의 심리학 셰드 햄스테더(Shad Halmstetter) 박사는 우리 인간은 하루에 5만 내지 6만 가지 생각을 하는데 그 많은 생각 중 85%는 부정적이고 15%만 긍정적이라고 주장했다. 우리는 하루의 대부분을 부정적인 생각과 싸우면서 살아간다. 인간의 생각은 관리하지 않고 방치하면 누구나 부정적인 방향으로 기운다. 아름다운 정원도 방치하면 얼마 안 가 잡초로 뒤덮이는 것과 같다.

우리가 얼마나 부정적인 성향으로 흐르는지는 일상에서 쉽게 찾아볼 수 있다. 예를 들면 사람들이 부정적인 말은 오래 하지만 긍정적인 말은 지속하지 못한다. 긍정적인 말을 지루해하고 힘들어한다. 어떤 모임에 가서 참석자들의 대화를 들어보면 남을 비난하는 말은 많지만 칭찬하는 경우는 매우 드물다. 뉴스 내용을 보면 90% 이상이 부정적이다. 텔레비전 연속극에도 파괴적이고 부정적인 내용이 많다. 이렇게 사람은 환경의 영향을 받아 의식적·무의식적으로 부정적 요소에 감염된다. 그래서 자신도 모르게 부정주의자가 되고 만다.

모든 일을 삐딱하게 보고 투덜대는 것은 인생을 낭비하는 일이다. 이러한 생각을 하면 자신이 문제를 해결할 수 없다고 판단하게 되어 자기 능력을 제한하는 결과로 이어진다. 우리 생각은 긍정적인 방향으로 노력하지 않으면 부정에 노출될 확률이 훨씬 높아진다고 한다.

일반적으로 우리는 부정적인 정보와 긍정적인 정보가 나란히 있을 때 긍정적인 정보보다 부정적인 정보에 집중하는 경향이 있다고 한다. 왜 그럴까? 비중이 같아도 긍정적이냐 부정적이냐에 따라 그것을 받아들이는 마음의 긴장이 다르기 때문이다. 긍정적인 정보를 접하면 뭔가 대처하거나 준비할 필요가 없어 긴장하지 않으나, 부정적인 정보는 우리를 위험하게 할 가능성이 많아 긴장하고 끊임없이 대비해야 하기 때문이다. 그래서 우리는 긍정적인 정보보다 부정적인 정보에 쉽게 사로잡힌다. 긍정적인 일은 '좋다'고 쉽게 받아들이지만, 부정적인 것은 손해가 될지 모르므로 긴장하고 대비하게 된다. 부정적인 정보를 하나 들으면 또 다른 부정적인 정보를 받아들이는 악순환이 반복된다.

부정적인 생각을 하면서 행복과 성공을 바라는 것은 나무에서 물고기를 얻으려는 일처럼 헛되다. 많은 사람이 부정적인 사고방식 때문에 괴로워한다. 부정적인 생각이 머리에 고착되면 좀처럼 떨어지지 않는다. 그것은 인간의 내면을 서서히 파괴하고, 결국 평생 실패자로 살게 한다. 그러므로 어떤 방식으로든 부정적인 사고를 머릿속에서 몰아내야 한다.

한국인의 보편적인 부정적 의식구조

우리 선조들은 긍정적인 생각보다는 부정적인 생각을 많이 했다. 예를 들면 다음과 같은 것들이다.

- 잘되겠다는 생각보다 잘 안 되겠다는 생각을 한다.
- 남이 잘되면 배 아파한다.
- 해봐야 소용이 없다는 생각을 한다.
- 몸을 도사려 모험을 피한다.
- 자기가 할 일인데 '남이 해주겠지' 한다.
- 칭찬보다 비판을 더 잘한다.
- 입에 담기 부끄러운 욕을 매우 많이 한다.

부정적인 사고를 하는 사람은 행복하지 않다. 남에게 좋은 영향도 주지 못한다. 회의할 때 줄곧 분석하고 판단하면서 건설적이며 적극적인 발언은 한마디도 안 하는 사람이 있다. 자기주장을 절대시하고 발언을 독점하며 회원들을 피곤하게 만드는 사람도 있다. 그는 자신을 모른다. 부정적인 태도를 안 고치면 평생 힘들게 산다.

우리 민족은 일제강점기에 이루 다 말할 수 없는 고통과 서러움을 겪었다. 그런데 이것 못지않게 불행한 일은 일본이 우리 민족에게 심어준 '식민지사관'이다. 3·1운동 후 조선 주재 일본총독은 우리 민족에게 '우민정책'을 적극 펼쳤다. 일본 학자들을 동원해서 '조선인은 타고날 때부터 열등하다'는 의식을 주입하여 교묘한 방법으로 우리 민족의 정신을 파괴했다. 그때 잔재가 지금도 완전히 사라지지 않았다.

긍정을 선택하자

세상에는 대개 '할 수 있다'는 사람과 '할 수 없다'는 사람이 있다. 달리 말하면 '된다'는 사람과 '안 된다'는 사람이다. 이 두 부류는 환경과 여건은 비슷하지만 시간이 지나서 평가해보면 비교가 안 될 만큼 간격이 크게 벌어진다.

불행하게 살지 않으려면 삶에 대한 생각과 태도를 긍정적으로 바꿔야 한다. 이 세상의 위대한 인물은 모두 절대긍정주의자였음을 기억하기 바란다. 긍정에너지는 모든 것을 할 수 있는 동력이다. 그 에너지를 선용하면 불가능하게 보이는 일들도 달성하게 된다. 실패하는 인생을 사는 사람들을 자세히 살펴보면 '안 된다', '할 수 없다', '내 팔자야!'라는 부정적인 생각과 말에 사로잡혀 산다.

'할 수 있다'고 선포하라. 우리의 모든 행위는 '할 수 있다'는 토대 위에 세워져야 한다. 인생의 모든 흥망성쇠를 관통하여 이기게 하는 것이 '할 수 있다'는 믿음이다. 이 믿음이 부정적인 사고를 몰아낸다.

당신의 사고방식을 분석해보라. 생각을 차분히 살펴라. 그것이 부정적인지 긍정적인지 분별하라. 자주 하는 생각이 당신을 밑으로 끌어내리는지 위로 끌어올리는지 찬찬히 판단하라. 부정적인 생각이 떠오르면 긍정적인 방향으로 과감히 돌려라.

몇해 전 운전을 하며 집으로 가는 중이었다. 갑자기 자동차 핸들이 뻑뻑해지더니 아파트 정문에 와서는 좌우로 전혀 움직이지 않았다. 보험회사에 연락하니 수리공이 와서 살펴보았다. 자동차 밑부분이 깨지고 기름이 샜다고 했다. 큰일 날 뻔했다. 만약 내가 시내도로에서 그런 일을 당했다면 큰 사고로 이어졌을지도 모른다. 집에 다 와서 그랬으니 천만다행이었다.

그렇게 상상하니 감사했다. 이렇게 생각할 수도 있었다. '참 어이없네! 차 산 지 2년밖에 안 됐는데 왜 이래? 형편없는 차 아냐? 재수 없네!'라고 말이다. 그러나 내가 차에 대해 불평했다면 기분이 저하되었을 가능성이 높다. 이렇게 같은 일에 긍정적으로 생각할 수도 있고 부정적으로 생각할 수도 있다. 부정적 생각의 핸들을 긍정적인 방향으로 돌린다면 인생의 많은 문제를 해결하게 된다. 상황이 어제보다 좋지 못해도 우울해지지 않는 법을 배워야 한다.

'피할 수 없다면 즐겨라'는 특히 군대에서 자주 하는 말이다. 지금 있는 곳에서 맡은 일을 최대한 열심히 하며 즐거움을 찾으면 병영생활에서 뜻밖의 흥미를 발견할 가능성이 높다. 어떤 상황에도 자잘한 즐거움이나 재미는 있다. '군대에 가서 썩는다'고 말하는 사람이 있다. 그렇게 말하면 그 말대로 군대생활이 괴롭고 힘들다.

나무를 찬찬히 관찰해보라. 야생에서 자라는 나무는 한번 자리 잡은 곳에서 일생 자신의 운명을 개척해야 한다. 그는 스스로 자라고 때에 따라 열매를 맺는다. 그리고 자신의 낙엽을 썩게 하며 거기에서 영양분을 얻는다. 나무에도 환경을 극복하며 살아가는 지혜가 있다. 하물며 인간이랴?

항상 좋은 면을 바라보는 습관을 기르자. 말도 긍정적으로 하자. 부정적인 언어를 과감히 고치자. '죽겠다'를 '살겠다'로 바꿔보라. 변화가 생길 것이다. 당신은 긍정주의를 택할 수도 있고 부정주의를 택할 수도 있다.

긍정적인 태도는 여행지를 고르듯 스스로 선택하는 것이다. 일단 긍정적인 태도를 선택하기만 하면 습관이 된다. '부정'이라는 열차에서 '긍정'이라는 열차로 갈아타는 것이 자기 인생을 구원하는 길이다.

긍정을
말하자

○○◐

긍정적인 사람들은 '나는 할 수 있어! 잘해낼 거야!'라고 생각한다.
그런 자신감은 에너지를 샘솟게 하고 안 될 일도 되게 한다.

긍정주의자가 되는 길

긍정주의자가 되기 위해 가장 간단하고 효과적인 방법은 긍정을
담아 말하는 것이다.

다음 두 가지를 실천해보기 바란다.

첫째, 지금부터 일주일 동안 긍정적인 말만 한다.

둘째, 지금부터 일주일 동안 부정적인 말은 전혀 하지 않는다.

간단하지만 어려운 과제다. 그러나 실천하면 얻는 부분이 많다.
이를 3개월 동안 실행하면 인격이 점차 성장하며 가정과 직장, 만
나는 사람에게도 긍정적인 변화가 일어난다. 이 습관을 평생 지속
한다면 인생이 놀랍게 변화되리라 믿는다.

말의 힘

말에는 힘이 있다. 사람만 말할 수 있다. 말로 사람을 살리기도 하고 죽이기도 한다. 창조주는 말로 세상을 만드셨다. "빛이 생겨라, 땅이 있으라, 바다가 생겨라"라고 명령하시자 그대로 되었다. 창조주는 사람을 만드시고 그 입에 생기를 불어넣으셨다. 다른 생물들은 말로 창조하시고 아무것도 입에 넣어주지 않았다.

인간은 창조주의 말을 받아서 말하게 되었다. 그분의 말은 곧 세상을 만든 말이다. 그래서 말한 대로 된다. 긍정의 말을 하면 그대로 된다. 부정의 말을 하면 일이 어그러진다. 칭찬과 격려는 사람을 생기 있게 한다. 비난은 사람을 병들게 한다.

몇 년 전 한글날 특집으로 MBC에서 '말의 힘'이라는 실험 다큐를 방송했다. 우리가 평소 사용하는 언어의 위대한 가치와 힘을 제대로 알고 진정으로 소통하는 사회를 만들기 위한 방향을 제시하려고 만든 프로그램이었다. 우리가 일상생활에서 쓰는 단순한 말이 상대방에게 어떤 영향을 미치는지 궁금한 부분을 풀어주기 위해서였다.

실험은 다음과 같이 진행되었다. 따뜻한 밥을 유리병 두 개에 똑같이 나누어 담는다. 유리병 하나에는 '고맙습니다'를, 다른 병에는 '짜증 나!'를 적는다. 그리고 실험자들에게 두 병을 주고 '고맙습니다'라고 적힌 병에는 좋은 감정으로 긍정적인 말을, '짜증 나!'라고 적힌 병에는 좋지 않은 감정으로 부정적인 말을 하도록 하였다.

결과는 놀라웠다. 좋은 말을 들려준 쌀밥에선 구수한 누룩 냄새가 났지만, 나쁜 말을 들려준 쌀밥은 썩어버렸다. 충북 진천에 사는 후배 한 사람도 똑같이 실험하고 그 결과를 스마트폰으로 찍어 한 모임에서 보여주었다. 결과가 같았다. 말의 힘은 이토록 놀랍다.

말의 힘을 체험하기 위해 조용히 걸으면서 스스로에게 '고마워, 사랑해, 최고야'와 같은 긍정 언어를 들려주어라. 잠시 멈춰 서서 기분을 느껴라. 매우 즐겁고 몸에도 활기가 넘친다. 반대로 '너는 병신이야, 나가 죽어라, 네가 잘하는 게 뭐 있니?'라고 말해보아라. 답답하고 몸도 축 늘어진다.

여러 해 전 일본 작가 에모토 마사루(江本勝)가 《물은 답을 알고 있다》를 써서 베스트셀러가 되었다. 이 책에도 위와 비슷한 실험 내용이 있다. 말의 힘이 얼마나 크고 놀라운지 깨달아 긍정적인 말을 사용하려고 노력하자.

'할 수 있다'는 말

이 세상에서 가장 강력한 말은 "할 수 있다", 모든 것을 무력하게 하는 말은 "할 수 없다"이다. 그러므로 일을 가능하게 하려면 "나는 할 수 있다"라는 말을 자주 선포해야 한다. 다음은 한 작가의 고등학교 시절 경험담이다.

그는 고등학교 시절 대부분을 열등생으로 보냈다. 1, 2학년 내내

반 평균점수를 끌어내리는 천덕꾸러기 취급을 받았다. 공부와 영원히 담쌓고 싶었던 그에게도 어김없이 고3은 찾아왔다. 반편성과 함께 새 담임선생님의 면담이 시작되었다. 그는 1년 내내 선생님과 맺게 될 악연을 걱정하며 고개 숙이고 상담실 문을 열었다.

선생님은 한눈에 보기에도 끔찍한 그동안의 성적표를 펼쳤다. 불호령 외에 더 기대할 것이 없었다. 그런데 웬일인가. "너는 국내 최고 대학에 갈 수 있는 머리를 갖고 있다. 할 수 있는데 네가 안 했단말이다. 한번 해봐." 국어 선생님답게 극한의 과장법을 능수능란하게 구사하셨다. 그는 선생님의 말을 절대 믿지 않았다. 그의 지능지수는 그가 잘 아니까.

하지만 선생님의 '할 수 있는데'라는 말이 공부할 때마다 떠올랐다. 그래서 '할 수 있다'고 몇 번 말했지만 그 말은 곧 '할 수 있을까'로 변하곤 했다. 마음이 안 따라와도 억지로 '할 수 있다'고 외쳤다. 그랬더니 놀라운 일이 일어났다. 경험과 이성으로 뭉친 마음이 '할 수 있다'는 말에 이끌렸다. 누구나 똑같이 노력하기 때문에 순위가 그대로 간다는 고3 내내 그의 성적은 매달 올라갔다.

입시가 끝나고 원하는 대학에 합격했을 때 친구들에게서 충격적인 말을 들었다. 담임선생님은 반 아이들 누구에게나 같은 내용으로 상담했다. 그들은 모두 속으로 '나는 그래도 선생님이 특별히 인정한 머리를 가졌지'라는 자부심으로 저마다 가능성에 도전했다. 긍정의 결과는 '할 수 있다'고 믿은 사람과 믿지 못했지만 억지로라도 그렇게 외친 친구들에게 돌아갔다. 내 인생에서 말의 힘을 처음 경험한 때가 아니었나 싶다. 그 뒤로 힘든 과제를 앞에 두거나 더 큰 목표가 생길 때면 '할 수 있다. 해보자'부터 외치는 버릇이 생겼다.

_ 제갈인철, 2016. 8. 23. 〈한국일보〉

'할 수 있다'는 말 한마디가 그렇게 어려운가? 그런데 실제로는 이렇게 말하기가 쉽지 않다. '할 수 있다'는 사람과 '할 수 없다'는 사람은 환경과 여건이 비슷해도 시간이 지나서 보면 비교가 안 될 만큼 차이가 많이 난다. '나는 할 수 있다'로 조금 더 긍정적으로 살고, '당신도 할 수 있다'로 다른 사람도 긍정적인 생각을 하도록 힘을 줄 수 있다.

말에는 놀라운 힘이 있다. 사람은 자기가 하는 말을 닮는다. 한 사람이 매일 10분씩 '나는 날마다 조금씩 성장한다'고 외쳤다. 매일 이렇게 말하면서 그는 자신감과 열정을 되찾았다. 그리고 그는 정말 자신이 외친 대로 꿈을 이루었다.

말에는 어떤 일을 바로 실행하게 하는 힘이 있다. 자기가 한 말이 뇌에 전달되어 행동으로 나타난다. '난 할 수 있다'고 말하면 할 수 있고, '난 할 수 없어'라고 말하면 할 수 없다. 또 말하면 이루어진다. 신기하기 그지없다. 말이 열매를 맺는다. 허세 없고 요란하지 않은 긍정의 말을 자주 한다면 자신뿐만 아니라 다른 사람까지 긍정적인 방향으로 변화시킨다.

'할 수 없다'는 잘못된 믿음에서 벗어나자

우리는 모두 일종의 최면 상태에 빠져 있다. 다만 그 사실을 깨닫지 못할 뿐이다. 사람은 대부분 타인이 주입했거나 스스로 진실이라고 믿는 생각에 이끌려 산다.

많은 사람이 마음만 먹으면 자기 삶을 바꿀 수 있다고 생각한다. 하지만 사람은 타성에 지배받기에 웬만한 충격 아니면 변화되지 않는다. 우리 마음속 부정적인 생각은 무시하지 못할 세력이다. 자신도 모르는 사이에 부정적인 생각을 사실로 받아들이면서 재능과 노력, 의지를 물거품으로 만든다. '할 수 없다'고 생각하는 순간 인간은 실패를 향해 곤두박질한다.

우리는 익숙함에 깊이 빠져들었다. 오직 위대한 선각자와 사상가들이 이러한 사실을 깨달았다. 잘못된 믿음은 때때로 무한한 가능성을 잠재운다. 우리는 주변에서 '못 해요', '안 돼요'라고 말하는 사람들을 종종 본다. 엄살이 아니다. 정말 그렇게 믿는다. 그래서 위대한 선인들은 표현은 달랐을지 모르나 항상 이렇게 가르쳤다. "불가능은 없다! 믿는 대로 된다." "네 믿음대로 될지어다!"

말버릇을 고치자

말은 '생각의 집'이라고 한다. 말하기 때문에 생각할 수 있으므로 생각을 개선하려면 말버릇을 고쳐야 한다. 한번 길들인 말이나 말투는 여간해서 고치기 힘들다. 정확하고 우아하며 친절하게 말하는 습관을 기르고 늘 긍정적으로 말하도록 노력해야 한다.

"벌써 서른 살이야"는 부정적인 말이나 "이제 겨우 서른 살이야"는 긍정적인 말이다. 긍정적인 말은 노화도 멈추게 한다. "벌써 70세라니! 이제 다 살았어"라는 입버릇이 신체적·정신적 노화를 촉진한다. "인생은 70세부터야. 70세가 인생의 황금시대야! 꿈이 있어"라고 긍정적으로 말할 필요가 있다.

나는 퇴직한 후 20년 만에 '퇴직자 모임'에 참석했다. 참석자들은 옛날보다 늙었지만 말버릇은 그대로였다. 말을 잘하던 사람은 세월이 지나도 유창하고 어눌한 사람은 여전히 그대로였다. 말버릇은 고쳐지지 않음을 새삼 느꼈다. 말하기가 인생에서 얼마나 중요한지 깨닫는다면 자신의 언어생활도 향상하려고 노력하자.

두 사람이 이야기한다. "오늘 날씨가 참 좋군요." "어제는 비만 왔습니다." "오늘 하늘은 맑고 구름 한 점 없네요." "두고 보아야지요." 부정적인 말에 길들여진 사람은 좋은 것도 좋다고 하지 않는다. "이 일 한번 해보자"라고 하면 "그게 꼭 된다는 보장은 없거든요" 한다. "왜 안 됩니까?"라고 물으면 "지금까지 해봤지만 안 됐습니다" 또는 "원래 안 되는 일입니다. 다른 데서도 다 그렇게 하더군요"라고 이유를 댄다. 이유를 많이 대는 사람은 발전하지 못한다.

우리는 나쁜 소리를 많이 들으면 더러운 사람이 된다. 반대로 좋은 소리를 많이 들으면 성공하고 행복해진다. 스트레스를 험담으로 풀려는 사람이 있다. 그런데 다른 사람을 험담하면 당장은 기분이 풀리지만 결국 자신에게도 험담을 들려주는 꼴이 된다. 험담 다음으로 자주 등장하는 말이 푸념이다. 푸념 인생이 행복한 경우는 거의 없다. 실패담도 다른 사람에게는 재미있지만 본인에게는 좋은 결과를 가져오지 못한다.

한국인은 세계에서 욕을 가장 많이 한다고 한다. 우리나라 중고등학생을 대상으로 등교해서 점심시간까지 4시간 동안 주고받은 대화를 녹음했더니 평균 75초에 한 번, 1시간에 49번 욕을 했다고 한다. 1분 15초마다 욕을 입에 달고 산다. 언어훈련은 인격훈련의 기본이다. 좋은 말버릇은 건강한 일상과 행복한 인생의 지름길이다.

긍정적이고 내용이 좋은 말을 하자. 다음과 같은 말이 입버릇이 되게 하자. '나는 운이 좋다.' '내 인생은 잘 풀린다.' '대단해, 대단해!' '참 멋진 생각이야!' '하루하루가 즐겁다!' '미소는 세상 최고의 보석이다.' '한 뼘 앞은 밝은 빛.' '아, 행복하다, 행복해!' '감사 또 감사합니다.' '내 마음은 늘 맑은 가을 하늘!' '구름 위는 언제나 맑음.' '이미 꿈은 이루어진 것이나 다름없다.' '운은 하늘에, 호박은 부엌에 있다.' '살아 있어. 행복해!' '난 언제나 네 편이야!' '내가 너 좋아하는 거 알지?' '해 안 뜨는 날은 없다.'

시인 헨리 롱펠로(Henry Longfellow)의 시 한 대목은 이렇다. "저녁에 황혼이 사라져갈 때 하늘은 낮에 못 보던 별들로 가득하다." 긍정의 말을 입에 달고 다니면 기분이 좋아지며 말한 대로 이루어진다. 말은 생물이다. 어느 곳이든 그곳에서 한 말대로 살아 있다.

자신감을
키우자

자신의 능력을 믿어라.
그리고 끝까지 굳세게 밀고 나가라.

자신감은 풍성한 삶의 필수조건

자신감은 신념 또는 자아확신이라고도 한다. 긍정주의자의 뚜렷한 특징은 자신감이다. 자기를 믿는 마음이 없다면 새로운 일을 어떻게 추진하겠는가. 성공하는 사람은 자신감이 넘치고 또 넘친다.

자신감이 없는 사람은 외모조차 초라하다. 눈은 게슴츠레하고 얼굴에는 핏기가 없으며 목소리는 무덤으로 기어들어가는 듯하다. 고개는 푹 숙이고 어깨는 축 처졌으며 걸음걸이는 힘이 없다. 이런 사람은 죽지 못해 사는 인생이다. 살아갈 의욕 없이 하루하루 목숨을 이을 뿐이다. 무슨 발전이나 희망이 있겠는가?

왜 자신감이 부족한가? 부정적인 믿음 때문이다. "나는 부족해.

사교적이지 않아. 잘하는 게 하나도 없어. 그러니 성공할 수도, 부자가 될 수도 없어" 같은 생각이 자신감을 억누른다. 만약 자신감이 없다면 왜 그런지 곰곰이 생각하자.

생기발랄하게 살려면 자신감이 필요하다. 자신감이 있어야 새로운 일을 시작한다. 건전한 자신감은 인생의 가장 고귀한 자산이다. 자신감은 풍요롭고 행복한 삶의 중요한 조건이다. 흑인 여성으로는 처음으로 노벨평화상을 받은 랄프 분체(Ralph Bunche)는 미국의 유명한 정치가다. 그녀는 어린 시절에 불우했다. 열두 살에 부모를 여의고 할머니와 함께 살았다. 다행히 할머니는 손녀를 늘 격려하여 위대한 사람으로 만들었다.

랄프의 성공철학은 그의 저서《너 자신을 믿어라》가운데 다음과 같은 말로 요약할 수 있다. "한번 시도해본다고 말하지 마라. 나는 꼭 해낸다고 말하라. 어떤 일을 완성하려면 자신감이 있어야 한다."

많은 사람은 자신을 낮게 평가한다. 그런데 내가 나를 못 믿으면 남이 나를 믿어주겠는가? 자신감이 있어야 다른 사람의 신뢰도 얻는다. 자신감을 갖는 일이 중요하다.

자신감은 두려움에 싸인 나를 힘이 넘치는 나로 변화시키는 천사와 같다. 자신감이 넘치면 미래가 밝아 보이고 그 무엇도 내 앞을 막지 못하는 듯하다. 반대로 자신감이 모자라면 겁이 나고 실패에 대한 두려움으로 앞날이 불안해진다. 사업이든 운동경기든 자신감이 넘쳐야 한다. 탁월한 성공은 자신감이 좌우한다.

자신감을 키우는 방법

이제 자신의 능력에 대한 의심을 멈추고 두려움을 통제하여 내게 중요한 일을 이루기 위해 자신감을 키워보자. 살다보면 누구나 자신감이 떨어질 때가 있다. 그런 상황을 꼭 이겨내야 한다. 작은 실패가 하나만 닥쳐도 의기소침해지는 일이 많다. 그러니 꾸준히 자신감을 키워야 한다.

자신감을 키우려면 긍정적인 가치관이 밑바탕에 깔려 있어야 한다. 남들과 비교하며 자책하기보다 나만의 능력과 재능을 인정하며 자신감을 효과적으로 높이려고 꾸준히 노력하자. 자신감은 운동으로 근육을 키우는 일과 같다. 끊임없는 연습과 반복되는 행동으로 향상할 수 있다. 자신감을 높이는 효과적인 방법을 알아보자.

나 자신을 그대로 받아들이자 내 존재 자체를 그대로 인정하자. 나는 실수를 많이 하고 부족해 보이지만 장점도 많다. 그런 긍정적인 나를 칭찬하고 귀하게 여겨라. 있는 그대로 나를 인정할 때 자신감이 생김은 물론 내 삶도 변한다. 자신과 사이좋게 지내는 방법은 불완전한 자신일지라도 받아들이는 것이다.

내 장점에 초점을 맞추자 사람에게는 자기 장점보다는 단점에 초점을 맞추어 자신을 판단하는 심리가 있다. 세상에 단점이 단 하나도 없는 사람은 한 명도 없다. 단점 한두 가지 때문에 자신감 없이 사는 건 큰 손해다. 나의 단점보다 장점에 초점을 맞추어 하루하루를 살면 자신감이 높아질 뿐만 아니라 삶 전체에 긍정적인 변화가 일어난다.

어느 축구 코치는 선수들을 격려할 때 과거에 승리한 장면만 비디오로 보여준다고 한다. 그러면 선수들은 심기일전하여 용감하게 경기에 임한다.

삶의 목적을 분명히 하자 살아가는 이유가 분명하고 확실하다면 그러한 확신이 자신감으로 이어지고 어디에서도 자신감을 발휘하게 된다. 아무리 바빠도 가끔 멈춰서 삶의 목적을 구체적으로 점검해보자.

작은 모험을 해보자 자신만의 안전지대에서 벗어나자. 도전하지 않고 편안한 공간에 갇혀 있으면 성장하지 못한다. 편안과 안전만 즐긴다면 자신감을 키우는 기회를 얻지 못한다. 익숙한 곳에서 탈출하라. 두렵더라도 작은 한 발자국을 내디뎌야 안전지대에서 벗어나 자신감을 키운다. 결과에 관계없이 '한번 해보자!'는 결심이 중요하다. 작은 것이라도 도전하고 성취를 즐기는 연습을 해보자. 무언가 해냈다는 만족감과 함께 자신감이 배가된다.

익숙하지 않은 상황에 계속 맞닥뜨리면 자신의 한계가 점점 넓어지는 것을 느끼게 된다. 대수롭지 않은 일이라도 매일 새롭게 시도하면 자신감 상승에 큰 도움이 되며 조만간 뭐든지 할 수 있다는 기분이 저절로 생긴다. 우선 행동으로 옮기는 것이 중요하다.

상상력을 최대로 이용하자 전문가들은 머릿속으로 축구경기에서 결승골을 넣거나 패션쇼에서 1등을 차지하는 상상을 하여 좋은 결과를 생각하면 뇌를 자극해서 자신감을 키우는 데 큰 영향을 준다고 말한다. 자신의 미래 성공 계획을 최대한 세밀하게 작성하고 잠자기 직전 꿈이 이루어진 모습을 상상해보라.

규칙적으로 운동하라 건강한 신체는 자신감의 원천이다. 쉽게 피곤하지 않고 늘 정열적으로 살려면 건강해야 한다. 그래서 규칙적인 운동이 중요하다. 자신에게 맞는 다양한 운동을 시작하고 즐기다보면 삶에 대해 긍정적인 태도가 형성되고 자신감도 향상된다. 땀을 흘리는 운동은 스트레스 해소와 자신감 상승에 효과가 확실하다. 운동의 긍정적 가치를 이해하면서 계속 꾸준히 운동하라.

두려워하는 부분을 인정하자 두려움을 느끼는 건 정상이다. 하지만 두려움이 나를 지배하지 않게 해야 한다. 두려운 것을 인정한다고 그 두려움이 현실이 되는 건 아니다. 그러니 두려워하는 부분을 인정하고 그 해법을 고민하는 일이 훨씬 생산적이다. 무엇을 두려워하며 그것을 어떻게 해결할지 적어보자.

외모를 단정히 하자 옷을 깔끔하게 입자. 옷차림을 센스 있게 하자. 머리 손질을 잘하자. 구두에 광택을 내자. 나를 보는 것은 다른 사람이지만 내가 어떻게 보이는지 제일 신경 쓰는 사람은 바로 나 자신이다. 당당한 태도를 갖기 위해 외모를 단정하게 하자.

항상 연습하고 준비하자 항상 연습하자. 아무리 타고난 재능이 있어도 벽에 부딪히면 한순간 자신감이 무너진다. 하지만 항상 연습하는 습관을 들이면 회복탄력성이 형성되어 바로 다시 일어날 수 있다. 꾸준히 연습해서 나만의 자신감 근육을 만들어놓자.

항상 준비하자. 준비된 상태라면 무엇이든 두렵지 않다. 당연히 할 일인데 게을러서 못하는 것이 준비다. 나의 부족한 부분, 뛰어나고 싶은 부분을 항상 준비하자.

많이 연습하자. 시험 치를 때, 운동경기 전, 강연 전에 많이 연습하고 준비하자. 연습량과 준비량이 늘어나면 자신감도 높아진다.

당당한 자세를 지녀라 몸가짐에 신경 쓰자. 몸짓에도 자신감이 있어야 한다. 고개를 떨구고 어깨를 축 늘어뜨리며 걸으면 기분이 처지고 남에게도 부정적인 신호를 준다. 팔짱을 끼거나 손가락을 많이 움직이는 동작은 조심하라. 다른 사람과 눈을 맞추고 웃으라.

자기 요구를 당당하게 말하자. 원하는 것을 분명하게 표현해야 자신감도 생긴다. 바라는 점을 솔직하게 이야기하자. 의사소통을 명확하게 하면 더 당당해진다.

내가 대단한 사람임을 잊지 말자. 그리고 거기에 합당한 태도를 취하자. 옷과 마찬가지로 걸음걸이와 자세에서 그 사람의 성격을 볼 수 있다. 자신감을 불어넣는 신체 상태를 유지하자. 분명하고 힘 있는 어조로 말하라. 고개를 들고 어깨를 펴라. 초조한 기색을 보이지 말고 여유 있게 행동하라. 웃으며 친절하라. 그러면 상대에게 여유로움과 자신감이 있는 인상을 준다.

신념을 주는 말을 시시때때로 외쳐라 건국대학교 부총장을 지낸 류태영 박사는 입지전적 인물이다. 그는 소년 시절 전북의 한 농촌에서 머슴을 살았다. 그는 스스로 격려하고 노력하여 기회를 넓혔다. 그는 나중에 외국유학도 가고 박사도 되고 대학교수도 되었다. 그가 자신을 격려한 말은 신약성서 빌립보서 4장 13절이다. 그는 이 구절을 '빌사일삼'이라고 말한다. 그는 의기소침할 때면 '빌사일삼'이라고 속삭이고 "내게 능력 주시는 자 안에서 내가 모든 것을 할 수 있느니라"라는 본문 말씀을 소리 내어 외쳤다. 그는 이런 방식으로 자신감을 살려냈다고 한다.

"나는 자신감이 충만한 사람이고 누구에게도 떳떳하다.""믿는 자에게는 능치 못한 일이 없다"라는 말을 하루에도 여러 번 소리 내 외쳐라.

완전주의에 빠지지 마라 무엇이든 완벽해야 하고 최고가 되어야 한다는 생각은 그럴듯해 보이지만 비현실적이다. 완벽함은 없다. 완벽을 추구하다가 오히려 자신을 더 불신할 수 있다. 실수에 관대하라. 실수를 용납하지 못하면 성장도 없다. 어떤 일을 지나치게 고민하는 것도 마찬가지다. 자책하지 말고 용서하라. 내일이 있다. 과거가 미래를 좌우하지 않는다.

신선한 자극을 받아라 주위에 긍정적인 사람이 많으면 좋다. 위인전을 읽고 감동을 받아라. 자신감을 불러일으키는 영화를 보라. 자신감에 관한 책을 읽어라. 그러면 뭔가 마음에 잡히고 나도 하면 된다는 의식이 생긴다. "기쁨과 눈물, 즐거움과 고통, 모든 것이 책을 읽는 동안 내게 왔다. 나는 가만히 앉아 그토록 많은 것을 경험한 적이 없었다."(니나 상코비치)

자신감 회복법

자신이 참으로 대단하다면 그 이유를 자세하게 써보자. 그리고 힘이 빠질 때마다 다시 들춰보자. 간단한 방법으로 자신감을 회복할 수 있다.

성년이 되어 할 수 있게 된 일의 목록 작성하기 미성년 시절에 못했으나 성년이 되어 할 수 있게 된 일의 목록을 만든다. 그때는 불가능했으나 지금은 가능한 일을 생각나는 대로 적어본다.

강하고 긍정적인 메시지를 담은 노래 찾아 부르기 '산타루치아', '오 솔레미오'와 같은 이탈리아 가곡이나 '희망의 나라로' 같은 우리나라 가곡 그리고 각자 좋아하는 노래 중 긍정적인 가사가 있는 노래를 선택해서 불러라. 어떤 작가는 매일 하루를 시작하기 전에 좋아하는 노래 한 곡을 부르면 하루가 기분 좋게 지나간다고 한다. 클래식 음악은 기분을 고조하고 록음악은 기분을 저하한다고 한다.

아름다운 순간 기록하기 매일 적어도 한 번쯤 아름다움을 만나는 순간을 찾아 공책이나 SNS에 써보라. 조금만 여유를 갖고 사물을 통찰하면 아름다움을 발견할 수 있다. 높은 하늘에 걸린 반달, 늦은 오후 벽돌담에 비스듬히 비친 햇살, 향나무의 짙은 향기, 귀여운 어린이들이 재잘대는 소리, 오랜 친구의 너털웃음 등 아름다운 순간은 곳곳에 있다. 그 순간을 기록하면 일상이 소소한 기쁨으로 가득 찬다. 삶에서 작은 것을 소중히 생각하면 큰일은 자연히 완성된다.

지난날 정말 잘했다고 생각하는 일 적어보기 성공, 상받은 것, 칭찬받은 것 등을 번호를 매겨서 기록하고 때때로 읽어보라. 곰곰이 생각하면 의외로 많다. 지난날 이룬 일을 다시 돌아보기만 해도 자신감이 살아난다.

목표 세우기 장기목표나 단기목표를 기록하고 수시로 읽으면 새로운 힘이 생겨난다. 목표는 몰입할 계기를 만든다. 일에 몰입하면 감정과 의지가 합치되고 자신감이 솟는다.

설거지하기 어떤 기자는 마음을 다스릴 때 설거지하는 습관이 있다. 스트레스나 압박감에 시달리면 싱크대로 향하는데, 그는 설거지가 자신만의 '리셋 버튼'을 누르는 방식이라고 한다. 그는 "업무와 아무 관련이 없지만 당장 해결할 수 있는 작은 일부터 해내면 당면한 문제도 한결 쉽게 느껴지죠"라고 했다.

비전 북(Vision Book) 만들기 천체물리학자 세라 시거는 연구원 시절 자신감이 부족해 '비전 북'을 만들었다. 자신을 긍정적으로 바라볼 자료만 모은 것이다. 학술지에 발표한 논문, 강연초청장, 일자리 제안이나 승진 통보, 감사 편지 등이 담겼다. 그녀는 매일 잠들기 전 비전 북을 읽으며 자신감을 되찾았고 연구 성과도 높일 수 있었다.

매일 일기 쓰기 일기를 쓰되 긍정적인 사실만 기록하라. 그리고 일기의 끝맺음을 "그래서 좋았다"라고 써라. 그러면 매일 자신감을 회복할 수 있다.

좋은 면을
바라보자

대체로 말하면 인생은
우리가 선택하는 대로 되는 것이다.

밝은 곳을 바라보자

사물을 어느 곳에서 바라보느냐에 따라 각각의 모습이 달리 보
인다. 인간만사도 마찬가지다. 장미를 바라볼 때 꽃을 바라보느냐,
가시를 바라보느냐에 따라 그 꽃의 모습이 달리 보인다. 우리 일상
을 스스로 따분하게 바라볼 수도 있고 흥미진진하게 바라볼 수도
있다.

제2차 세계대전 중 델마 톰슨은 장교와 결혼하여 캘리포니아주
모하비사막에 있는 육군 훈련소로 왔다. 남편은 아침 일찍 병영으
로 출근하여 저녁 늦게 집에 돌아왔다. 남편이 출근하면 그녀는 집
에 남아 혼자 지낼 수밖에 없었다. 밖은 지독하게 덥고 주변에는 인

디언과 멕시코 사람뿐이었다. 매일매일 지옥 같았다. 도저히 못 견디겠다고 생각한 그녀는 친정아버지에게 이곳에서는 도저히 못 살겠다며 그간의 사연을 편지에 담아 보냈다.

얼마 후 답장이 왔는데 단 두 줄이었다. "두 죄수가 감옥 창살 사이로 바깥을 보았다. 한 사람은 진흙을, 또 한 사람은 별을 보았다." 이 글에는 유래가 있다. 죄수 둘이 같은 감방에 있었는데 한 사람은 땅만 보며 신세를 한탄하고 또 한 사람은 먼 미래를 내다보며 무언가 준비했다. 한 사람은 뚜렷한 목표 없이 지내다 출소했지만 살기 힘들어 또 죄를 짓고 감옥에 들어갔다. 또 한 사람은 감옥에서 희망을 품고 계속 소설을 써서 출소한 후 유명한 소설가가 되었다. 같은 환경에 있어도 무엇을 바라보느냐에 따라 삶이 달라진다는 말이다.

그녀는 친정아버지의 글을 잘 읽고 관점을 바꾸기로 결심했다. 주위는 모래땅이었다. 그녀는 삽으로 깊이 파보았다. 2미터를 팠더니 이상하게 생긴 조개껍질이 그곳에 무더기로 묻혀 있었다. 오래전에 그곳이 바다였음을 알게 된 그녀는 짬을 내어 그곳에 사는 인디언과 사귀고 그들의 풍습을 연구하였다. 2년간 경험을 토대로 《빛나는 성벽》을 쓰면서 베스트셀러 작가가 되었다. 누구나 사물을 바라보는 관점만 바꾸면 큰 변화를 경험한다.

관점을 바꾸면 사물이 다르게 보인다

함민복 시인의 〈긍정적인 밥〉이란 시가 있다.

시 한 편에 삼만 원이면

너무 박하다 싶다가도

쌀이 두 말인데 생각하면

금방 마음이 따뜻한 밥이 되네.

어느 쪽을 보느냐에 따라 이렇게 감정도 묘하게 바뀐다.

사람들은 같은 사물을 다른 관점으로 바라본다. 그래서 컵에 물이 반이 있으면 어떤 사람은 "물이 반이나 있네"라고 하고 어떤 사람은 "물이 반밖에 없잖아!"라고 한다. 경기 종료시각이 5분 남았는데 어떤 사람은 "5분이나 남았다"라고 하고 어떤 사람은 "5분밖에 안 남았다"라고 한다. 새 사업을 계획할 때 어떤 사람은 "1%의 가능성이 있으니 도전해보자"라고 하지만 어떤 사람은 "1%의 가능성밖에 없으니 포기하자!"라고 한다.

똑같은 사물을 보아도 어떤 사람은 밝은 면을, 어떤 사람은 어두운 면을 본다. 관점의 차이가 전혀 다른 미래를 만든다.

한 여인이 지그 지글러(Zig Ziglar) 교수를 찾아와서 직장에서 겪는 어려운 일을 상담했다.

"저는 이 직장이 아주 싫습니다. 직장 생각만 해도 언짢습니다. 대우는 나쁘지, 상사는 괴롭히지, 동료들은 안 좋지……. 무엇보다 근무 환경이 엉망입니다."

"내가 보니 앞으로 환경이 더 나빠질 것 같군요. 더 큰 위험이 닥치고 지금보다 더 일하기 어려운 형편이 될 듯합니다."

"아, 그 무슨 소립니까? 그러면 큰일 나죠."

지글러 교수는 여인에게 흰 종이를 한 장 내주었다.

"여기에 당신 직장이나 자신의 좋은 점을 일일이 써보세요."

"좋은 점이 하나도 없는데 뭘 써요?"

"그래도 잘 생각해보세요. 몇 가지는 있으니 꼭 써보세요."

"알았습니다."

여인은 가만히 생각하다 말했다.

"그 직장이 집에서 가까워서 좋아요. 차를 타지 않고 걸어가도 되니까요. 그거 하나는 좋죠."

"또 다른 건 없나요?"

"걸어갈 수 있으니 운동이 되네요."

여인은 하나하나 손꼽기 시작하다 좋은 점을 스무 가지나 찾아냈다.

지글러 교수는 누가복음 6장 38절의 말씀을 그녀에게 읽어주었다.

"남에게 주어라. 그리하면 하나님께서도 너희에게 주신다. 되를 누르고 흔들어 넘치도록 후하게 되어서 너희 품에 안겨주신다. 너희가 되질하여 주는 그 되로 너희에게 도로 되어서 주신다."

그리고 이 말씀대로 살면 직장이 매우 좋아진다고 했다. 여인은 그때부터 밝은 마음으로 직장생활을 하게 되었다. 겉으로는 아무것도 변한 것이 없었다. 관점만 바꿨을 뿐이다. 부정적인 면만 보던 것을 긍정적으로 보게 되었다.

우산 장수와 짚신 장수 아들을 둔 어머니가 있었다. 어머니는 비가 오면 짚신 장수 아들, 해가 뜨면 우산 장수 아들이 걱정되어 항상 근심 걱정에서 벗어나지 못했다. 이를 본 동네 청년이 말했다. "비가 오면 우산 장수 아들, 해가 뜨면 짚신 장수 아들을 생각하며 기뻐하세요." 그 어머니는 이 충고를 듣고 비로소 근심 걱정에서 해방되었다.

우리 인생도 그렇다. 어느 쪽을 바라보느냐에 따라 삶이 완전히 달라진다. 우리에게 벌어지는 일은 항상 긍정성과 부정성을 동시에 띤다.

긍정요소를 찾아라

긍정주의자나 부정주의자나 모두 자신이 내세우는 논리가 있다. 모두 그럴 듯하나, 논리의 방향이 상반되기 때문에 당연히 결과도 달라진다.

공자가 하급관리로 일하는 조카 공멸에게 물었다.

"네가 일하면서 무엇을 얻었고 무엇을 잃었느냐?"

"얻은 것은 하나도 없고 세 가지를 잃었습니다. 일이 많아 공부를 못 했고, 보수가 적어 친척 대접을 못 했으며, 공부가 급해서 친구와 사이가 멀어졌습니다."

그 후 공자는 공멸과 같은 벼슬을 하던 제자 자천에게 같은 질문을 했다. 자천이 대답했다.

"저는 잃은 것은 하나도 없고 세 가지를 얻었습니다. 배운 것을 실행하면서 배운 내용이 더욱 확실해졌고, 보수를 아껴 친척을 접대하니 더욱 친숙해졌으며, 공무 여가에 친구들과 교제하니 우정이 더욱 두터워졌습니다."

어떤 상황에서든 좋은 쪽으로 해석하고 기회로 활용하는 것이 바람직하다. 아무리 어려운 상황이라도 긍정요소를 찾아보면 얼마든지 발견할 수 있다.

흔히 인간의 운명을 시시포스에 비유한다. 시시포스는 그리스신화에 나오는 인물로, 신의 노여움을 사서 영원히 언덕 위로 바위를 밀어 올리는 형벌을 받았다. 힘들게 바위를 언덕 위로 올리면 바위가 아래로 굴러 내린다. 그러면 시시포스는 아래로 내려가서 그 돌을 또 언덕 위로 올린다. 무의미한 일을 반복하는 것은 참기 어렵고 불행한 일이다. 인생이 얼마나 부조리한 존재인지를 나타내는 이야기다.

하지만 알베르 카뮈(Albert Camus)와 사뮈엘 베케트(Samuel Beckett)는 시시포스가 행복했을 수 있다고 주장했다. 시시포스가 부조리한 환경에 있지만 다른 가능성을 찾을 수 있었기 때문이다. 시시포스는 신들이 자기에게 명령한 것이 무엇이든 그것을 이익으로 전환할지, 아니면 모든 활동 자체를 보상으로 삼을지 알았다. 그래서 부조리한 일을 하면서도 행복했다.

물론 그는 이따금 투덜댄다. 바위가 좀 덜 울퉁불퉁했더라면, 언덕이 조금만 덜 가팔랐더라면 얼마나 좋을까. 그에게는 감사할 것도 많다. 그가 신에게서 받은 선고에는 어느 특정한 길로만 가야 한다는 말은 없었으니 무한히 많은 통로를 낼 수 있다. 바위가 스스로 굴러 내려갈 정도가 될 때 그가 다른 동작을 하지 못하게 금지당한 것도 아니다. 또 바위를 올리다가 견디기 너무 힘들면 발을 헛디디거나 바위를 놓친 것처럼 거짓 몸짓을 해서 바위가 다시 굴러 내려가게 할 수도 있다. 이 광경을 보면 신들은 화낼 것이다. 하지만 시시포스는 살짝 웃으면서 그들에게 자신의 거친 손바닥을 내보이면 그만이다.

그는 여러 가지 다른 동작을 할 수 있다. 앞길이 막힌 척하고 바위에 등을 대고는 더 힘껏 밀어보려는 시늉을 하기도 하고, 갑자기 힘을 짜내 바위를 떠밀고 고함을 지르며 미친 듯이 돌진하여 단번에 꼭대기까지 밀어 올라가기도 한다. 바위를 언덕 위에 올리고 잠시나마 해방감을 느끼기도 한다. 바위가 언덕 아래로 굴러갔다고 자신이 덩달아 서둘러 내려갈 필요는 없다. 그는 이리저리 지그재그 길을 따라 마음대로 태평하게 걸어 내려간다. 신들은 시시포스가 변화 없는 일을 하여 고통을 받게 하려고 이런 형벌을 주었지만 시시포스는 무한히 다양하게 행동할 수 있다.

또 바위를 잘 관찰함으로써 흥미를 얻을 수 있다. 그의 손이 바위의 모든 울퉁불퉁한 모습을 알게 되면서 바위를 좀 더 잘 다루게 된다. 바위와 친밀한 관계를 맺을 수도 있다. 그는 이 모든 부조리와 싸워서 행복하게 살아갈 수 있다.

우리도 만약 시시포스와 같은 악조건에 직면했다면 이런 방식으로 도전해볼 필요가 있다. 주어진 환경에서 자신의 지혜와 의지를 활용하면 현실을 타개하는 길이 보인다. 때로는 한 발 물러서서 인생을 다른 각도에서 바라보고 나아갈 길을 새로 찾아보자. 어떤 조건에서도 가능성을 찾아내는 사람이 참 지혜자이며 진정한 긍정주의자다.

개념을 바꿔보자

한 병원에서 간호사가 환자에게 '우리 환자님'이라는 호칭을 썼다. 그랬더니 환자의 건강상태가 좋아졌다고 한다. 자동차 운전자가 교통법규를 어겨 범칙금을 내는 건 기분 나쁜 일이다. 이런 경우 재수 없다고 생각하면 기분이 잘 가라앉지 않는다. 이와 반대로 '내가 국가에 세금을 냈다'고 생각하고 체념하면 마음이 어느 정도 차분해진다.

유명한 문호 윌리엄 셰익스피어(William Shakespeare)가 어느 음식점에서 식사를 하고 나왔다. 이때 정원 청소부가 한숨을 푹 내쉬었다. 이것을 본 셰익스피어가 그에게 이유를 물었다. 그는 이렇게 대답했다. "선생님께서는 위대한 문호가 되셔서 만인의 존경을 한 몸에 받으시는데 저는 팔자가 좋지 않아 청소부 노릇만 이곳에서 계속합니다. 그래서 한숨을 내쉬었습니다." 그러자 셰익스피어가 말했다. "형제여! 당신이 이 음식점 청소부라고 생각하지 말고 이 지구 한 모퉁이를 깨끗하게 하는 환경관리사라고 생각하시오."

우리는 모든 사물에서 긍정적인 면을 찾을 수 있다. 실패와 시련, 거절당하는 일에서도 가능하다.

세금이 많이 나온다면 내 직장이 좋다는 뜻이다.
온몸이 뻐근하고 피곤하다면 내가 열심히 일한다는 증거다.
모임이 잦다면 내가 필요한 곳이 많다는 뜻이다.

우리가 쉽게 내뱉는 사소한 불만이지만 알고 보면 감사와 행복의 또 다른 얼굴이다. 화가 치밀어 오르면 조금만 생각의 방향을 바꿔보라. 불행의 뒷모습은 행복이라는 사실을 잊지 말라. 이렇게 살아간다면 괴롭고 짜증 나는 일을 충분히 극복할 수 있다. 생각만 살짝 바꿔도 전혀 다른 현실이 눈앞에 보인다. 물론 이렇게 개념을 바꾸려면 연습과 훈련이 필요하다.

다른 방식으로 세상을 보면 더 행복하다

우리는 세상을 어떤 눈으로 바라보는가? 우리 모두는 자신의 고유한 안경을 쓰고 세상을 바라본다. 그래서 각자 뜻대로 남의 행동과 세상 이치를 해석하며 살아간다. 생각의 틀이 고정되어 있기 때문에 사물을 보거나 해석하는 방법에도 변화가 없다.

미국의 여성주의 저널리스트 글로리아 스타이넘(Gloria Steinem)은 이렇게 말했다. "우리 시대의 가장 큰 도전 과제는 새로운 무언가를 배우는 것보다 이미 배운 것을 버리는 데 있다." 자신이 갖고 있는 것을 버리는 일에는 용기와 결단이 필요하다. 익숙한 생활양식과 관점을 버리는 일은 새로운 생활양식과 관점을 배우는 것보다 훨씬 어렵다. 그런데 이것을 극복해야 삶이 새롭게 변화된다. 창조성이 살아난다.

우리는 고정관념을 극복하고 다른 관점에서 사물을 바라보아야 한다. 현상을 다양하게 평가할 수 있어야 한다. 그리고 같은 상황에서도 긍정적으로 평가할수록 더 행복함을 믿어야 한다.

예를 들면 비오는 날 여행하는 것을 어떤 사람은 성가시다며 싫어하나 어떤 사람은 낭만적이라며 좋아한다. 한 회사의 취직시험에 실패했지만 이것이 더 좋은 취업 기회를 만들어주기도 한다. 로널드 레이건(Ronald Reagan) 전 미국 대통령은 청년 시절 슈퍼마켓 직원 채용시험을 보았으나 낙방했다. 그가 생각할 때 낙방할 이유가 전혀 없었지만 실망하지 않고 서부로 가서 영화배우가 되었다. 나중에는 정치계에 발을 들였고 좋은 배우자와 든든한 후원자를 만났다. 그는 미국 대통령직을 연임했다. 슈퍼마켓 직원이 되었다면 그의 생애는 전혀 다른 모습이 되었으리라.

우리는 살면서 불편한 현실과 자주 마주친다. 자기 기준에 맞지 않는다고 일일이 부정적인 평가를 내린다면 살기 힘들다. 불합리해 보여도 당장 판단하기보다 그 일의 원인을 심사숙고하는 자세가 필요하다. 진정한 행복은 눈에 보이는 현상과 결과보다 그것을 보고 원인을 발견하는 과정에서 찾을 수 있기 때문이다.

많은 사상가는 우리에게 열린 마음, 폭넓은 사고를 가지라고 말한다. 틀에 박힌 듯한 가르침은 우리가 실천하기 매우 어렵다는 증거이기도 하다. 내가 확신하는 일이라도 잠시 생각과 행동을 멈추어보자. 겸손을 연습할 수 있다. 다른 관점을 찾아보고 또 다른 해석의 가능성을 발견하자. 그러면 우리는 더 행복하고 창조적인 사람이 된다.

나를
긍정하자

내가 만일 인생을 사랑한다면
인생 또한 사랑을 되돌려준다.

나를 긍정하는 것은 모든 삶의 기본

나와 평생 같이 지낼 사람은 누구인가? 배우자? 자녀? 친구? 모두 아니다. 그 사람은 바로 '나'다. 당신은 당신 자신과 즐겁게 지내는가? 그렇다면 당신은 행복한 사람이다. 만약 아니라면 당신의 인생은 고통스러워진다. 당연한 일이지만 사람들은 깨닫지 못한다. 남에게 고통을 주는 사람은 자신과 잘 지내지 못하는 인간이다. 그는 자신의 나쁜 기분을 남에게 발산한다.

나를 긍정하는 일은 모든 삶의 기본이다. 나를 인정하면 마음이 편하다. 자연스럽게 자신의 친구가 되자. 존중과 애정은 우정의 특징이다. 우리가 이 감정을 느끼는 대상이 바로 친구다. 친구와 우정은 자신과 관계에 매우 좋은 모델이다.

"나는 유시민 작가가 몹시 불편하다. 텔레비전을 켜면 매번 그가 나온다. 그의 '구라'는 갈수록 현란해진다. 게다가 그가 쓴 책까지 모조리 잘 팔린다. 그게 나는 그냥 힘든 거다. 그러나 나는 그보다 훨씬 잘생겼다! 그건 누가 봐도 그렇다. 유시민 작가는 이렇게 아주 간단히 제쳤다. 내 책이 베스트셀러 명단에 올라가면 꼭 새 책을 내서 내 책을 끌어내리는 혜민 스님은 좀 다른 방식으로 따돌렸다. 그는 '스님'이고 나는 '남자'라고 생각했다. 그러니 마음이 좀 나아졌다. 비겁해도 할 수 없다. 내 마음의 평화가 먼저다." _ 조선일보 2017. 9. 13

문화심리학자 김정운 씨의 글이다. 그는 독특한 방법으로 자신을 긍정한다. 너무 과장하면 곤란하나 자신을 적당히 내세우는 것이 열등감에 사로잡힌 것보다 훨씬 낫다. 나르시시즘은 경계해야 하지만 건전한 자기 사랑은 바람직하다.

남한테 자신을 늘 좋게 말하라. 몸이 아파도, 집이 가난해도, 좀 못 배웠어도 그런 표시를 다른 사람에게 하지 마라. 언제나 좋은 인상을 보이도록 노력하라. 걱정거리가 많아도 여러 사람을 만날 때는 평화스럽고 행복한 얼굴로 나타날 필요가 있다. 이것이 점점 쌓이면 성격이 원만해진다.

건전한 자존감을 가져라

당신 모습은 자신에 관해 어떤 이미지를 갖고 있느냐에 따라 결정된다. 부정적인 생각을 하면 자신도 모르게 그렇게 된다. 이런 실수를 피하려면 건전한 이미지를 확고하게 형성하라.

자존감(self-esteem)은 자기 가치를 깨닫고 실제로 자신을 자신답게 느끼는 것이다. 자아상, 자기개념도 같은 뜻이다. 자존감이 높은 사람은 자신을 좋아하고 사랑하기에 다른 사람도 똑같이 배려한다. 그는 남을 평가하지 않고 깔보거나 무시하지도 않는다. 자신이 잘하는 일은 잘한다고 인정한다. 자기보다 더 뛰어난 사람이 곁에 있으면 하나라도 더 배우려고 노력한다.

자존감이 낮은 사람이 의외로 무척 많다. 남의 안 좋은 점을 들춰내고 흉을 보는 사람은 자존감이 낮다.

당신은 스스로 누구라고 생각하는가? 건전한 자아상을 지녔는가? 두말할 필요 없이 건전한 자아상은 개인의 성공과 행복을 결정하는 핵심요소 중 하나다. 자기개념이 그토록 중요한 이유는 우리 스스로 생각하는 대로 말하고 행동하고 반응한다는 데 있다. 건전한 자아상을 가진 사람도 때때로 실패를 경험한다. 하지만 길게 보면 자아상은 현실이 된다. 우리 마음에 품은 자기 이미지 이상으로 성공할 수 없다.

【건전한 자존감을 가진 사람의 특징】

• 주도적으로 판단하고 행동한다.

• 언제나 성공할 수 있다고 생각하고 계획한 목표를 추진하여
  이룬다.

• 행복하게 산다.

• 스스로를 긍정적으로 바라본다.

• 좋아하는 일이 있으며 그 일에서 활력을 얻는다.

• 최선을 다하지만 완벽주의는 피한다.

• 외부의 비평과 자신의 내적 감정을 잘 다스린다.

• 자신의 직업, 가정, 건강, 경제능력에 만족한다.

• 쉽게 포기하지 않는다.

• 고귀한 가치관을 가지고 있다.

자존감이 낮은 원인

자존감은 인생 전체를 뒷받침하는 토대라고 할 수 있다. 자유롭고 행복하게 살려면 자신의 자존감을 잘 살펴보아야 한다. 그렇지 않으면 불행해진다. 자기연민, 우울증, 자포자기도 낮은 자존감과 관련이 있다. 극단적인 경우 자살로 삶을 마감하기도 한다.

자존감이 낮은 원인이 무엇일까? 세 가지로 요약할 수 있다.

첫째, 어릴 때 부모님이 주입한 자기 파괴적인 생각, 신념, 가치 그리고 부정적인 가정교육환경이다.

둘째, 학창 시절 선생님이나 다른 사람의 인색하고 부정적인 평가다.

셋째, 무엇을 해도 성공하지 못해 의욕이 없고 체념하는 상태다.

자신이나 다른 사람에 대한 저속한 판단을 중단해야 한다. 자신을 사랑하는 법을 배워야 한다. 자신을 사랑하지 못하면 남도 사랑할 수 없다. 이는 너무나 당연한 진리다. 자신을 있는 그대로 긍정하면 자기혐오에 빠지지 않는다.

자율성이 부족한 어린이와 청소년은 낮은 자존감을 탈피하기 어렵지만, 성인이 되면 얼마든지 자존감을 높일 수 있다. 생각과 행동을 자율적으로 할 수 있기 때문이다.

흉내 내거나 비교하지 말라

어느 여름날, 아름답게 노래하는 여치의 목소리에 반한 당나귀가 이렇게 묻는다.

"여치야, 네 목소리가 정말 아름답구나! 도대체 무얼 먹으면 너처럼 목소리가 고와질까?"

"글쎄. 나는 특별한 건 안 먹어. 풀잎에 대롱대롱 맺힌 이슬만 먹는단다."

그날부터 당나귀는 여치같이 고운 목소리를 내기 위해 여물 대신 이슬만 먹었다. 그러다가 결국 당나귀는 굶어죽고 말았다. 자신의 장점은 깨닫지 못한 채 단점만 한탄하고 남을 흉내 내려 한다면 어리석은 당나귀와 다르지 않다.

민들레는 민들레답게 꽃을 피우면 된다. 꽃은 남을 부러워하지 않는다. 민들레꽃은 진달래를 부러워하지 않고, 진달래는 장미를 부러워하지 않는다. 있는 그대로 자신을 한껏 꽃피우다가 시간이 되면 아무 말 없이 떠난다.

인간이 남과 비교하는 것은 본능이다. 부부동반으로 동창회에 나가면 겪는 일이 있다. "누구는 어디서 어떻게 살더라, 누구의 자녀는 박사가 되었더라, 누구 아내 옷은 정말 아름답더라." 비교의식이 생기면 집에 돌아올 때 기분이 별로 좋지 않다. 애초 비교대상이 없다면 대부분 행복했을 것이다. 우리는 남과 비교하는 일만 하지 않아도 자존감을 유지할 수 있다. 별다른 노력 없이 행복해지는 비결도 바로 비교하지 않기다.

비교하지 말라. 우리는 자주 우리 자신과 다른 사람들을 비교한다. 그 결과는 크게 두 가지다. 우월감과 열등감. 우월감이 생기면 마음이 뿌듯하고 자부심을 갖게 된다. 열등감에 젖어들면 우울하고 비참한 생각이 밀려온다. 어떤 경우든 모래수렁으로 빠져들 듯 불행한 일이다.

모든 인간은 귀중한 가치를 지녔다. 당신은 스스로 가치를 확인하려고 다른 사람들과 비교하지 않고도 얼마든지 자족하며 행복할 수 있다. 실제로 자기 능력을 충분히 발휘하는 사람은 성공에 그다지 큰 관심을 두지 않는다. 그들은 인생의 목표를 자기 내부에서 찾는다. 지나친 경쟁이 무익함을 잘 알기 때문이다.

가끔은 자존감을 절제하자

절제는 위대한 덕이다. 그것은 모든 덕을 덕답게 만드는 요소다. 절제가 없다면 극단으로 치닫는다. 절제력은 인격의 척도다. 자존감도 가끔 절제해야 한다. 이는 본연의 자세를 지키면서 겸손히 하라는 말이다.

대통령이 부러운가? 그럴 필요 없다. 세상에서 바쁘고 괴로운 직업 중 하나가 대통령이다. 대통령은 자기 마음대로 할 수 있는 게 별로 없다. 미국 대통령 버락 오바마(Barack Obama)가 퇴임할 때 말한 첫마디가 무엇인지 아는가? "잠 좀 실컷 자야겠다." 일류 스타가 부러운가? 그럴 것 없다. 그들은 인기를 유지하기 위해 엄청난 노력을 해야만 한다. 마음의 고통과 부담이 만만치 않다. 권력가와 재산가도 권력과 부를 유지하려면 목숨을 걸어야 한다. 보통 사람으로 분수에 맞게 사는 것이 얼마나 큰 복인지 모른다. 마음을 낮추자.

겸손은 누구나 지녀야 할 고귀한 덕이다. 겸손하다고 자존감이 낮아지지 않는다. 볼테르(Voltaire)는 "겸손은 소박한 영혼의 증거다"라고 말했다. 겸손은 자신의 부족함과 한계를 평온하게 받아들이는 일이다. 건강한 자존감의 본질이며 자존감을 높이고 싶을 때

유용한 덕목이다. 겸손은 사람을 자유롭게 한다. 그러니 가끔은 자존감을 절제하여 겸손해도 괜찮다.

살면서 자존감을 내려놓아야 할 때가 종종 있다. 부부싸움이 파괴적인 결과로 치닫는 중요한 원인은 각자 자존감을 내려놓지 못하기 때문이다. 친구 간의 다툼도 자존감을 다쳐 일어나는 경우가 많다. 이때 과감하게 자기 자존감을 내려놓아야 문제가 해결되며 서로 평화롭게 지낼 수 있다. 협상할 때 자존감을 내려놓아야 유리한 경우가 있고, 때로는 나이가 어리거나 지위가 낮은 사람에게도 고개를 숙여야 한다. 이럴 때는 "자존감이 밥 먹여주는 게 아니다"라고 말하고 스스로 다독이며 자존감을 절제한다. 이것이 세상을 성숙하게 살아가는 방법이다.

자신에 대해 긍정적인 문장을 써라

문장이 서툴러도 좋다. 자신의 일생을 긍정적인 면에서 바라보고 글을 써보라. 예를 한 가지 든다.

나는 세상에서 하나뿐인 존재다. 40년간 우여곡절이 많았지만 지금까지 살아 있어 다행이다. 신앙이 깊고 자애로운 부모님 슬하에서 성장했음에 감사한다. 부모님은 나에게 재산 대신 건강한 육체, 온유한 성품, 명석한 두뇌를 물려주셨다.

초등학교 시절 키는 작지만 달리기를 잘해 운동회에서 1등을 놓친 적이 없다. 노래도 꽤 잘 불렀다. 성적은 거의 중상위권이었다. 대학을 졸업하고 직장에 입사했다. 원하던 일이라 매우 만족한다. 동료들에게도 꿈과 열정이 넘치며 매사에 긍정적이라는 평가를 종 종 받는다.

독실한 기독교인이신 부모님의 영향으로 술·담배를 안 한다. 평 생 잘한 일 가운데 하나라고 생각한다. 10년 전 결혼하여 1남 1녀를 두고 행복하게 산다. 아내, 아들, 딸이 사랑스럽고 자랑스럽다. 친한 친구와 선후배도 많다. 한자리에 20명 정도 모을 수 있다.

내 취미는 색소폰 연주다. 가끔 교회 예배나 결혼식에서 공연한 다. 책도 좋아한다. 1년에 50권 정도 읽는다. 은퇴 전까지 책을 한 권 이상 내고 싶다. 몇 년 전부터 은퇴를 준비하면서 수입의 20%는 꼭 저축한다. 퇴직하면 아내와 여행을 다니고 사회복지시설에서 봉 사하고 싶다.

나는 대한민국을 자랑스럽게 여긴다. 한국은 외국의 침략을 수없 이 받았고 6·25전쟁을 겪었음에도 민주화·산업화를 훌륭히 이루 어낸 나라이기 때문이다. 또 우리 고유의 문자 한글에 대해 무한한 자부심을 느낀다.

나는 크게 돈을 번 것도 아니고 그리 유명하지도 않다. 하지만 나 는 성실하게 살아왔다. 나는 나를 괜찮은 사람이라 부르고 싶다.

다른 사람을
긍정하자

사랑은 사람들을 치료한다.
사랑을 받는 사람, 사랑을 주는 사람 할 것 없이.

일단 긍정하는 것이 중요하다

다른 사람이란 누구인가? 나 외의 모든 사람이다. 인간은 사회적 동물이다. 다른 사람과 더불어 살아간다. 다른 사람을 인정하지 않으면 여러 문제와 갈등이 일어난다. 세상 살기 어렵다.

다른 사람을 긍정하는 기본 원리는 상대방을 있는 그대로 받아들이는 것이다. 선입감을 품지 말라. 상대방이 마음에 들지 않더라도 일단 긍정하는 것이 바른 자세다.

아내가 남편에게 어떤 부탁을 한다. 남편은 "괜한 소리 그만해"라고 핀잔을 준다. 아이가 엄마에게 뭐라고 말한다. 엄마는 "거짓말이지? 내가 모를 줄 알아? 내가 네 머리 꼭대기에 올라가 있는 것

몰라?"라고 꾸중한다.

이 두 사람은 상대방을 인정하지 않았다. 그러면 어떻게 해야 하나? 우선 받아주어야 한다. "그래? 당신(네) 말에 일리가 있어"라고 하며 일단 긍정해야 한다. 상대방이 어떤 불합리한 의견을 말해도 일단 받아주어야 한다. 그리고 힘들어도 끝까지 들어주어야 한다. 그런 후 자기 의견을 상대방에게 말해보라.

한 여성잡지 기자가 더글러스 맥아더(Douglas MacArthur)와 점심을 먹고 드와이트 아이젠하워(Dwight Eisenhower)와 저녁을 먹었다. 나중에 그녀는 이렇게 말했다. "맥아더를 만났을 때 난 그가 얼마나 대단한 장군인지 알았어요. 하지만 아이젠하워를 만난 후 내가 얼마나 매력 있고 사랑스러운 여자인지 알게 됐지요." 이 이야기에서 맥아더는 자기를 긍정하는 데 능숙하고 아이젠하워는 다른 사람을 긍정하는 데 탁월하다는 것을 알 수 있다.

작은 긍정도 큰 효과를 발휘하는 경우가 종종 있다. 한 남자가 고객 만족 부문의 컨설턴트가 되려고 입사 시험을 보았다. 잘나가는 회사여서 경쟁률이 300 대 1이었다. 시험은 보았지만 합격할 자신이 없었다. 함께 응시한 사람 가운데 뛰어난 인재들이 많았기 때문이다. 그런데 일주일 뒤 합격통지서가 날아왔다. 얼떨결에 출근해서 정신없이 하루하루를 보내다 자기가 합격한 원인을 알았다. 시험 볼 때 지원자들에게 커피를 나누어준 직원에게 "커피 정말 맛있었습니다"라고 인사한 사람은 그뿐이었다. 사소한 친절 하나가 인생을 바꿨다.

상대방을 올바로 긍정하지 못할 때 세상은 불행하다. 남을 긍정해야 남이 행복해지고 그 행복에너지가 나에게도 전파된다. "인사만 잘해도 먹고는 살 수 있다"라는 말이 있다. 상대방의 이름만 다정하게 불러도 대화하는 분위기가 달라진다.

어디에나 속물, 이상한 사람, 괴짜, 비굴한 사람, 고집불통 등 이유 없이 싫은 사람이 있다. 그러니 나쁜 사람이라 속단하거나 그들이 잘된다고 마음 상하지 말라. 자기와 다른 사람들의 존재를 인정하고 그들 때문에 기분 상하는 일이 없도록 하자.

왜 상대방을 긍정하기 어려운가

우리가 상대방을 긍정하기 어려운 데는 여러 원인이 있다.

첫째, 인간이 이기적이기 때문이다. 어려서부터 이기주의에 깊이 물들어 있기 때문에 다른 사람을 이해하지 못한다. 내 이익부터 먼저 생각하니 다른 사람을 긍정하지 못한다.

둘째, 여유가 없기 때문이다. 먹고살기 바빠 다른 사람에게 관심을 둘 여유가 없다. "쌀독에서 인심난다"라는 말처럼 어느 정도 여유가 있어야 상대방을 생각하게 된다.

셋째, 편견이 있기 때문이다. 옛날부터 '곱슬머리, 옥니, 최씨'는 지독한 사람이라고 믿어왔다. 편견이다. 사람은 성별, 직업, 인종에 대한 편견이 있다. 내 편이 아니면 적이라는 잘못된 생각이 개인과 사회를 불행하게 만든다. 사람을 편견 없이 보아야 한다.

넷째, 남을 이해하는 기술이 부족하기 때문이다. 역지사지(易地思之)의 기술만 있어도 남을 잘 이해할 수 있다. 사람에 대한 공부를 끊임없이 해야 하는 이유가 여기에 있다.

I'm OK, You're OK

토머스 해리스(Thomas A. Harris)는 자신의 흥미 있는 저서《I'm OK, You're OK》에서 인간에 대한 네 가지 기본적 태도를 설명했다.

갓난아이는 능력 있는 부모 앞에서 ─먹을 것과 따뜻함, 행복을 주는─ 무력감에 젖어 '나는 OK하지 못한데 당신들은 OK하라'라는 생각을 하게 된다. 그러다 부모의 실패를 보면 '나도 OK하지 못하고 당신들도 OK하지 못하다.' '나는 OK한데 당신들은 그렇지 못하다'라고 생각하기도 한다. 성인이 되면 나와 남이 모두 가치 있는 인간이라는 생각, 즉 '나도 OK하고, 당신들도 OK하다'를 하게 된다. 그러나 성인이 되어도 자신의 유전, 가치, 성격 때문에 인간을 부정적으로 이해하는 사람이 많다. 인간을 긍정적으로 바라보면 더 행복하게 살 수 있다.

위의 네 가지 형태를 예를 들어 설명한다.

- I'm OK, You're OK.

"나는 대학을 못 나왔지만 사람 사귀는 기술은 뛰어나. 자네는 대학에서 경영학을 공부했으니 이론은 훌륭하겠지. 우리 둘이 협력해서 일하면 성공하겠는걸!"

- I'm not OK, You're OK.

"우리 같은 말단직원이 힘쓴다고 될 일입니까? 높은 분이 호의를 베풀어주셔야지요."

- I'm OK, You're not OK.

"자네는 신참이지? 내가 하라는 대로만 하면 돼!"

- I'm not OK, You're not OK.

"자네나 나나 나이는 많고 배운 기술은 없어. 이 회사에서 찬밥이야."

I'm OK, You're OK 상태를 유지하자. 우선 나를 긍정하고 다른 사람을 인정해야 한다.

상대방을 긍정하는 강력한 말

말 한마디로 상대방의 용기를 북돋울 수 있다. 다음과 같은 말이 있다.

당신을 믿습니다 상대방을 믿는다는 말은 힘이 세다. 듣는 사람은 일을 더 잘하게 되고, 아이들은 행복해하며, 가족 간에 결속력이 향상된다. 지역사회도 더 밝아진다. 우리 사회에서는 누구에게나 격려가 필요하다. 가족의 응원, 스승이나 선배의 격려, 아랫사람의 신뢰가 절실하다. 대통령도 국민의 격려가 있어야 올바로 정치할 수 있다. "당신을 믿어!"라는 강력한 말 한마디는 긍정적인 태도를 형성하는 원동력이다.

당신을 믿는다는 말은 듣는 사람의 인생에 엄청난 영향을 미친다. 이 말은 상대의 미래 능력과 잠재력에 대한 당신의 믿음을 표현하는 것이다. 비록 그 일이 불가능하거나 상대방 스스로도 의구심을 갖고 있는 일일지라도 말이다.

다른 사람에게 당신을 믿는다고 말하면서 그들에게 믿음을 심어주고 자신감을 북돋우라. 이 말은 부모가 자녀에게, 친구가 친구에게, 선생이 학생에게, 고용주가 직원에게, 대통령이 국민에게 자신감을 안겨주고 희망을 일깨우는 보물이다.

다른 사람에게 믿음을 불어넣는 일은 말로 하는 훌륭한 봉사다. 믿음을 소유하면 삶이 새롭고 풍성해지기 때문이다. 그리고 어떤 경우든 다른 사람에게 "당신을 못 믿겠습니다"라고 하지 말라. 상대방의 용기를 꺾고 마음에 상처를 주는 말이다.

당신은 훌륭합니다　내 책 독자에게서 메시지를 받았다. 《내 인생을 바꾸는 시간관리 자아실현》을 읽고 매우 감동받았으며 다른 사람에게 계속 좋은 영향을 미치기를 바란다는 내용이었다. 기분이 좋아졌고 용기도 생겼다.

많은 사람이 칭찬의 위력을 잘 모른다. 어리석은 사람을 천재로 만들고 불가능한 일을 성공하게 하는 힘은 무엇일까? 칭찬 한마디 다. 칭찬에는 역경에 넘어져 마음이 닫힌 사람을 일어나게 하는 놀라운 능력이 있다.

상담선생이 불우한 가정에서 자란 소년을 만났다. 어릴 때 엄마가 가출해서 의기소침하고 눈빛도 다 풀어진 아이였다. 선생은 특별한 상담기술 대신 엄마 또는 이모나 누나의 마음으로 그냥 끝도 없이 소년이 이야기하는 것을 들어주고 칭찬하며 격려해주었다. 아이는 조금씩 바뀌었다. 석 달 즈음 소년은 눈빛이 초롱초롱해지고 자기 꿈을 구체적으로 말하기 시작했다. 선생은 칭찬의 위력을 깊이 깨달았다.

누구에게나 장점이 있다. 그것을 잘 찾아 칭찬하면 상대방도 기뻐하고 자신도 기분이 좋아진다. 힘들이지 않고 다른 사람을 움직이게 하는 것이 칭찬이다. 한국 사람은 칭찬에 인색한 경향이 있다. 사람 사이에서 갈등이 많을 때 적절한 칭찬은 분위기를 원만하게 하는 활력소다.

젊은 어머니가 깊이 뉘우치며 잘못을 털어놓았다. 그녀는 아이가 실수할 때마다 크게 꾸짖었다. 한번은 아이가 하루 내내 아무 잘못도 하지 않았다. 그날 밤, 어머니는 아이를 재우고 방에서 나오다가 울음소리에 얼른 몸을 돌려 아이 방을 엿보았다. 아이는 베개에 머리를 파묻고 눈물을 닦으며 "난 오늘도 착한 아이가 아니었단 말이야" 했다.

그 어머니는 이렇게 말했다.

"아이 말 한마디에 감전된 것처럼 온몸이 부르르 떨렸습니다. 나는 아이가 잘못을 저질렀을 때 항상 크게 꾸짖었습니다. 그러나 아이가 최선을 다해 착한 일을 했을 때는 전혀 그 사실을 알아차리지 못했습니다. 나는 아이를 재우면서 칭찬 한마디 해주지 않았습니다."

이 일로 그녀는 자신이 자녀 칭찬에 매우 무지했음을 깨달았다. 칭찬은 인간관계에서 윤활유 역할을 한다. 다른 사람을 칭찬하는 건 곧 나를 분발하는 일이기도 하다.

어느 생활설계사의 경험담이다. 한 모임에서 고향 선배를 만나 기분 좋게 인사했다. 그런데 선배는 "야! 정말 오랜만이다. 근데 너 폭삭 늙었다. 10년은 더 들어 보이네" 했다. "허허, 그래요?" 하고 가볍게 넘겼지만 기분을 망치는 데 딱 1초 걸렸다. 그는 그 선배를 만나기가 싫다. 언짢은 말을 듣겠다 싶어서다. 선배가 칭찬이나 덕담으로 화답했다면 더 좋았을 것이다.

당신이 필요합니다 이 세상에 필요하지 않은 사람은 없다. 모든 사람은 각자 나름대로 존재감이 있다. 어떤 사람이든 자기 자리에 반드시 있어야 한다. 어느 모임에는 자리만 채워주어도 고마운 사람이 있다. "당신은 필요한 사람입니다"라는 말을 들으면 목적의식을 갖고 공동체에 필요한 존재가 되고 싶어 한다. 우리는 늘 주변 사람들의 공헌을 인정하고 그들을 격려해야 한다.

우리는 누구나 자유롭게 신이 주신 재능으로 사회에 필요한 부분을 채우며 소중한 사람이 될 수 있다. 우리는 변두리 인간이 아니다. 기계가 잘 돌아가기 위해 필요한 톱니바퀴와 같은 존재다. 오케스트라의 악기나 축구선수 열한 명 가운데 한 사람처럼 중요하다. 자신이 필요한 존재임을 알면 자긍심을 갖게 된다. 자기 일을 잘해내고 더 많은 일을 하게 된다.

가족, 동료, 이웃에게 "당신은 제게 소중한 사람이에요"라고 말해보자. 하루가 더 활기차고 훈훈해진다.

당신을 사랑합니다 당신이 결혼했다면 배우자에게 스스럼없이 "사랑해요"라고 말하는가? 자녀에게도 사랑한다고 말하는가? 사랑한다는 말은 세상에서 가장 매력적인 말이다. 모든 가요의 핵심어가 '사랑'이다.

오래전 미국 영화배우 딘 마틴(Dean Martin)이 '당신은 아무것도 아닙니다(You are nobody)'라는 노래를 불러 팬들에게 많은 감동을 안겨주었다. 그 가사는 이렇다.

"누군가가 당신을 사랑할 때까지 당신은 아무것도 아닙니다. 누군가가 당신을 돌보아줄 때까지 당신은 아무것도 아닙니다. 당신이 누군가를 사랑할 때까지 당신은 아무것도 아닙니다. 당신이 누군가를 돌보아줄 때까지 당신은 아무것도 아닙니다."

이 노랫말처럼 사랑받지 못하면 사람이 아니다. 받은 사랑을 몰라도 사람이 아니다. 사랑하지 않는 사람은 사랑할 때까지 아무것도 아니다.

우리 문화권에서는 사랑을 표현하는 것이 관습화되지 않아 "사랑해요"라는 말을 자유롭게 하지 못한다. 적절치 않은 상황에서 이렇게 말하면 뺨을 맞을지도 모른다. 사랑을 효과적으로 표현하는 것은 최고 예술에 속한다. 그만큼 어렵다. 사랑을 뜻하는 다른 말들이 있다. 예를 들면 '장미 같다', '귀엽다', '좋아한다' 등이 있다. 말로만이 아니라 행동으로도 사랑을 표현할 수 있다. 이런 경우에는 행동이 말한다.

이 세상에 사랑한다는 말처럼 고귀한 선물이 있을까? 가장 행복한 사람은 사랑받고 사랑하는 사람이다. 이것을 못 하면 좋은 조건이 많아도 행복하지 않다.

늘 다른 사람을 사랑하는 습관을 기르자. 온 힘을 다해 사랑하고 적절한 때 사랑한다고 말해보자. '사랑합니다'와 여러 긍정의 말을 습관처럼 사용하면 가정과 지역, 세계를 더 긍정적인 삶의 터전으로 만들 수 있다.

당신을 존경합니다 '존경합니다'는 '사랑합니다'와 일맥상통하지만 더 무게가 있다. 누구나 사랑의 대상이 될 수는 있지만 존경의 대상이 되기는 어렵기 때문이다. 그러므로 '존경합니다'라는 말을 듣는다면 당사자는 깊이 감동하게 된다. 부부가 서로 존경한다면 가정생활이 편안해진다. 이 경우는 예의를 갖춘다는 뜻이다.

사람은 누구나 가치가 있으며 어떤 식으로든 재능을 타고난다. 어떤 사람이든 무슨 일을 하든 우리 모두는 누군가에게 중요한 존재다. 따라서 우리는 다른 사람을 존경할 줄 알아야 한다. 당신의 존경심을 보여줌으로써 상대방에게 존경을 받을 수 있다.

남에게서 긍정적인 면과 존경할 만한 자질을 찾으려 하면 존경의 표현은 습관이 된다. 존경은 황금률이다. 존경받고 싶으면 먼저 다른 사람을 존경해야 한다. 의식적으로 노력해야 한다. 남을 비난하면서 존경받으려는 생각은 망상이다.

이름을 기억하고 불러주는 행동은 상대방에 대한 존경을 나타낸다. 아무리 친한 친구리도 예의는 반드시 지켜야 한다. 그것이 상대방을 존경하는 일이다.

상대방을 존경하려면 정치나 종교, 배경의 차이에 얽매이지 말아야 한다. 우리는 서로 다른 배경에서 살았고 견해가 달라도 서로 존경할 수 있다. 무례한 대접을 받아도 긍정적인 태도로 상대를 존경해야 상대 마음을 얻을 수 있다. 가끔 상대의 존경을 얻기 위해 많은 거절을 극복해야 한다. 존경받을 때 긍정적이고 자신감에 찬 사람이 된다.

다른 사람에게 당당히 부탁하라

인간은 선하다고 믿으라. 우리는 사람을 쉽게 믿지 못하는 경향이 있다. "내가 이런 부탁을 하면 저 사람이 들어줄까? 절대 안 들어줄 거야"라고 지레짐작하기 일쑤다. 인간은 처음부터 성격이 뒤틀린 존재가 아니다. 누가 무엇을 부탁하든 항상 '노'라고 거절하는 사람은 극소수다. 부탁은 상대방을 믿는다는 표현이다.

당신이 먼저 상대에게 믿음을 보이면 상대도 거기에 맞춰서 반응한다. 그렇게 신뢰를 쌓는 것이 중요하다. 세상에는 선의를 가진 사람이 생각보다 많다. '어차피 부탁해도 안 들어줄 걸'이라고 단정하는 일은 어리석다. 사람들은 보통 부탁받으면 자기 나름대로 대응한다. 물론 어떻게 부탁하느냐에 따라 사람들의 반응이 달라진다. 따라서 당신은 다른 사람을 믿어야 한다. 거짓 없이 자연스럽게 부탁해보라. 그것으로 충분하다.

신세를 지면 갚으려는 마음이 생기고 인간관계도 끈끈해진다. 신세지는 일이 무조건 나쁜 건 아니다.

【성철 스님의 주례사】

"서로 덕을 보자는 마음으로 결혼하고 그런 마음으로 살아가기 때문에 다툼이 일어납니다. 손해 볼 마음이 눈곱만치도 없이 아내는 남편에게 덕 보자고 하고 남편은 아내에게 덕 보겠다고 하는 마음이 다툼의 원인이 됩니다. 베풀어주겠다는 마음으로 결혼하면 길 가는 사람 아무하고 결혼해도 문제가 없습니다. 그런데 덕 보겠다는 생각으로 고르고 고르면 백 명 중 고르고 골라도 막상 고르고 보면 제일 엉뚱한 것을 고르게 됩니다. 제일 중요한 것은 결혼하는 이 순간부터 덕 보겠다는 생각을 버려야 하는 것입니다. 내가 아내에게, 내가 남편에게 무엇을 해줄 수 있을까. 내가 저분하고 살면서, 저분이 나하고 살면서, 그래도 덕 좀 봤다는 생각이 들도록 해줘야지 않느냐. 이렇게만 생각하면 사는 데 아무 지장이 없습니다."

말을 공부하자

말을 잘하는 건 많은 사람의 꿈이다. 말도 훈련하고 연습해야 잘한다. 말을 잘하는 요령 열 가지를 제시한다.

1. 생각하고 말하라

생각하고 말하는 건 말하기의 기본이다. 많은 사람이 생각 없이 말하여 어려움을 겪는다. 사전에 이야기할 준비를 하라. 3초간 뜸을 들여라. 상황이 돌아가는 대로 대충 말하지 마라. 전화하기 전에 요점을 메모하라. 실수를 예방하라. 지키지 못할 약속은 하지 마라.

2. 잘 들어라

잘 들어야 말을 잘한다. 말을 가장 잘하는 사람은 남의 말을 잘 듣는 사람이다.

3. 같은 말이라도 때와 장소를 가려서 해라

그곳의 히트곡이 여기서는 소음이 된다. 이왕이면 다홍치마다. 말에도 온도가 있으니 훈훈한 말을 써라. 대상에 맞게 말하라. 사람마다 선호하는 음식이 다르듯 좋아하는 말도 다르다.

4. 조리 있게 말하라

전개가 잘못되면 동쪽이 서쪽 된다.

5. 정확한 발음으로 말하라

속으로 웅얼거리면 남들은 무슨 말인지 모른다. 그리고 무의미한 단어를 반복하지 말라.

6. 재미있게 말하라

사람들이 돈 내고 극장 가는 것도 재미가 있기 때문이다.

7. 기분 좋게 말하라

마음이 건강해야 한다. 말에도 꽃과 같이 색깔이 있고 기후처럼 기온이 있다. 누구에게나 선한 말로 기분 좋게 해주어라. 그래야 좋은 파장이 주위를 두른다.

8. 늘 겸손하게, 긍정적으로, 예의 바르게 말하라

단어 사용을 조심하라. 품위 있는 말을 사용하라. 가슴에서 우러나오는 표현을 하라. 온순하게 표현하라.

9. 결코 남을 비판하지 마라

남을 감싸주는 것이 덕망 있는 사람의 태도다.

10. 침묵하기를 배워라

말을 배우는 데는 2년이 걸리고 침묵을 배우는 데는 60년이 걸린다고 한다. 침묵하기는 어렵다. 말할 때가 있고 침묵할 때가 있다. 언제 침묵해야 하는가? 모를 때, 내가 기분 나쁠 때, 상대방이 기분이 좋지 않을 때, 말 때문에 심각한 결과가 올 때, 때가 아닐 때, 자신이 말할 주제가 아닐 때 등이다.

연습 또 연습해야 한다. 말도 연습해야 나온다. 말의 내용을 풍부하게 하라. 독서, 사색, 여행 등 경험을 많이 하라. 평소 대중 앞에서는 연습을 자주 하라. 말하기 코칭을 받아라. 말하는 방법을 전문가에게 배워라. 스스로는 잘하는지 못하는지 자기가 잘 판단하지 못한다.

고전적 사례

안영(晏嬰, 안자)은 제나라 사람으로 춘추시대에 관중(管仲)과 더불어 가장 뛰어난 재상으로 꼽힌다. 하루는 그가 섬기던 경공이 가장 아끼던 말이 병들어 죽었다. 경공은 노발대발하여 말을 기르는 관리를 죽이라고 명령하였다. 급박한 상황에서 안영이 중재자로 나섰다.

"이 사람은 자신이 무슨 죄를 저질렀는지도 모르고 죽는 것이니, 제가 그에게 말해서 자기 죄를 깨닫게 하겠습니다."

경공이 허락하자 안영은 말 지키는 관리에게 말했다.

"너는 죽을죄를 지었다. 첫째, 너는 말을 잘 지켜야 한다는 네 직분을 감당하지 못했다. 둘째, 왕이 가장 사랑하는 말을 죽게 해서 마음 아프시게 했다. 셋째, 말 한 마리 때문에 왕이 사람을 죽이게 해서 백성들은 반드시 왕을 원망하고 이웃 나라에서는 왕의 위엄이 떨어지겠으니 이것이 세 번째 죄다."

이 말이 떨어지자마자 경공은 죽이라는 명령을 취소했다. 안영은 지혜로운 말 한마디로 세 가지를 얻었다. 관리의 목숨을 건졌고 임금의 권위를 지켰으며 자신의 명망을 높였다.

모든 사람이 말 잘하기를 원하지만 그건 생각만큼 쉽지 않다. 평소에 말 잘하기 공부를 해야 한다. 말하기 전에 깊이 생각해야 한다. 그러면 실수를 줄일 수 있다.

또 한 가지 사례가 있다. 옛날 중국의 어떤 왕이 이가 하나하나 다 빠지는 꿈을 꾸었다. 왕은 유명한 해몽자를 불러 자기 꿈을 해석하게 했다. 해몽자는 "그 꿈은 친척들이 한 사람씩 죽어 나중에는 임금님만 남게 된다는 뜻입니다"라고 했다. 기분이 언짢아진 임금은 해몽자를 사형에 처했다. 임금은 다른 해몽자를 불렀다. 그는 임금의 꿈 이야기를 다 들은 뒤에 "이 꿈은 임금님께서 집안의 모든 친척보다도 가장 건강하게 오래오래 사신다는 꿈입니다"라고 해몽했다. 왕은 대단히 기뻐하며 그에게 많은 상금을 내렸다. 두 해몽자는 같은 사실을 똑같이 해석했다. 다만 부정적인 표현이냐, 긍정적인 표현이냐만 달랐을 뿐이다. 관점 차이가 생사를 갈랐다.

원수나 적을 만들지 말라

역사를 보면 원한 때문에 죽고 죽이는 경우가 비일비재하다. 장점이 많아도 결정적인 잘못 하나 때문에 모든 것이 허사가 되는 일이 많다.

인간관계에서도 독약 같은 금기사항이 있다. 다른 사람을 비난하거나 치명적인 손해를 끼치는 일이다. 비록 내 편이 아닐지라도 적대감은 품지 않도록 노력해야 한다. 그런 마음씨가 나중에 자신을 구하는 길이 된다.

에이브러햄 링컨(Abraham Lincoln)은 젊은 시절 시비를 가려 잘잘못을 따지고 비평하는 일이 잦았다. 그는 종종 편지나 시 형식으로 다른 사람의 잘못을 풍자했다. 누군가를 비난하는 글을 써서 일부러 그 사람이 지나다니는 길에 떨어뜨려놓기도 했다. 이 습관 때문에 그가 수습 변호사로 일하던 스프링필드에서 큰 사건이 벌어졌다.

1842년 가을, 링컨은 스프링필드에서 거만하기로 유명한 정치인 제임스 시어스를 비난하는 글을 익명의 편지 형식으로 신문에 실었다. 웃음거리가 된 시어스는 크게 분노했고 수소문 끝에 글을 쓴 사람이 링컨이라는 사실을 알아냈다. 시어스는 곧바로 말을 타고 링컨을 찾아가 당시 관습대로 결투를 청했다. 링컨은 결투를 좋아하지 않았지만 어쩔 수 없이 결투를 받아들여야 했다.

결투 방식은 기마검술이었다. 링컨은 웨스트포인트 사관학교 출신 지인에게 검술을 배우며 결투를 준비했다. 그러나 다행히 결투 1분 전 여러 사람이 말렸다. 만약 결투했다면 둘 중 한 사람은 치명상을 입었을 것이다.

링컨은 큰 교훈을 얻었다. 그는 일생 다른 사람을 비난하지 않기로 굳게 결심했다. 그는 항상 상대방을 배려하고 자존심을 지켜주려 노력해서 많은 사람과 원만하게 지냈다. 이런 인간관계를 바탕으로 링컨은 역사에 길이 남을 대통령이 되었다.

2장

긍정의 힘을 기르고
활용하는 전략

기쁨을
연습하자

○○◐

항상 기뻐하라.

기쁨의 미덕

누구나 기쁨을 열망한다. 기쁨에는 강력한 힘이 있다. 그것은 우리 삶을 흔들고, 우리 마음 깊이 파고들며, 우리의 생명력을 한없이 발산하게 한다. 우리는 일상에서 여러 기쁨을 경험한다. 인간은 기쁨 없이 활기차게 살 수 없다. 기쁨은 삶의 비타민이다. 세상살이의 모든 역경을 이기게 해주는 강력한 무기이기도 하다.

많은 사람이 기쁨을 잃었다. 기쁨 없는 삶은 항아리 속의 물이 새는 듯한 인생이다. 사람들의 얼굴을 바라보면 피곤한 기색이 역력하다. 어떤 사람은 무덤덤한 표정, 또 다른 사람은 화난 표정이다. 기쁨이 없다는 증거다. 행복은 인생의 목표가 될 수 없지만 기쁨은 인생의 목표가 될 수 있다. 기쁨은 행복보다 더 구체적인 개념이다. 그리고 노력에 따라 얻을 수 있다.

하루라도 기쁨이 없어서는 안 된다. 중국 속담에 "기쁨 하나가 슬픔 백 가지를 흩어버린다"라는 말이 있고 셰익스피어는 "마음에 희열과 쾌감을 가지면 좋다. 이는 해로운 것 백 가지를 막고 장수하게 한다"라고 했다. 기쁨은 고통의 해독제이고 활력의 원천이다.

인생은 원래 불안정하다. 그렇지만 현실을 마냥 불평하는 것은 옳지 않다. 오히려 자신의 삶을 긍정하고 사랑하는 것이 바른 태도다. 그러면 기쁘지 않을 수 없다. 우리는 미래를 모른다. 그러니 아직 오지도 않은 미래를 걱정할 필요가 없다. 차라리 입가에 즐거운 미소를 머금고 인생을 잘 운영하는 것이 낫다.

종종 바쁜 일상에서 벗어나 긍정적인 면을 발견하고 기쁨을 찾는 법을 배우자. 꾸준히 훈련하고 연습하면 기쁨이라는 아름다운 열매를 거둘 수 있다. 우리는 오래 살기를 바라지만 그것보다 중요한 것은 잘 사는 법, 즉 모든 순간을 영원처럼 충만하게 사는 것이다.

완전한 기쁨은 삶에 대한 신성한 긍정에서 나온다. 좋은 일도 궂은일도 받아들여라. 슬픔과 고통 속에서도 긍정적인 의미를 찾자. 세월에 관계없이 기쁨을 맛볼 수 있다. 늘 기쁨 가득하게 살아가려고 노력하자.

기쁨의 다양한 모습

• 기쁨에는 작은 기쁨과 큰 기쁨이 있다. 큰 기쁨은 자주 오지 않지만 작은 기쁨은 하루에도 수십 번 온다.

• 기쁨에는 저속한 기쁨과 고상한 기쁨이 있다. 저속한 기쁨은 남이 안 될 때 은근히 느끼는 기쁨, 흡연과 음주, 마약과 도박에서 오는 기쁨, 높은 지위를 이용하여 자기 잇속을 차릴 때 갖는 기쁨, 그 밖의 비윤리적 행동에서 오는 기쁨이다. 악한 일에도 어떤 매력과 기쁨이 있다. 그런 기쁨은 짧다. 쉽게 사라져버릴 뿐만 아니라 자신에게 악영향을 미친다. 우리는 건전하고 영속적인 기쁨을 추구해야 한다. 공자는 "아침에 도를 들으면 저녁에 죽어도 좋다", "먼 곳에서 친구가 오니 또한 즐겁지 아니한가?"라고 했다. 이런 것이 건전한 기쁨이다.

• 기쁨은 만드는 것이다. 음식 만들기, 춤추기, 노래 부르고 악기 연주하기, 운동, 연극, 음악 공연, 텔레비전 시청 등 취미활동을 다양하게 해보라. 절기와 행사에 참여해보라. 생일, 결혼식, 회갑 그리고 명절에 먹고 마시고 즐겨라.

• 일에 열중하라. 한탕주의에서 벗어나라. 사소한 일도 성실하게 해서 좋은 결과를 거두면 기쁨이 따라온다. 열심히 일하는 삶에 기쁨과 행복이 있다.

• 조금씩 진보할 때 기쁨을 얻는다. 철학자 바뤼흐 스피노자(Ba-ruch de Spinoza)는 "기쁨은 인간이 좀 낮은 수준의 완전성에서 좀

높은 수준의 완전성으로 이행하는 것이다"라고 정의했다. 그는 또한 우리가 성장할 때, 조금씩 나아질 때, 작은 승리를 거둘 때, 자아 실현을 좀 더 할 때마다 기쁨을 느낀다고 했다. 옳은 말이다. 어린 아이는 새로운 것을 한 가지 배울 때 기뻐서 어쩔 줄 모른다. 걸음마를 배운다든가 '엄마, 아빠'라는 말을 시작할 때 기뻐한다. 성인이 되어도 이 원리는 똑같다. 하나씩 성취하거나 작은 승리를 거둘 때마다 기쁘다. 잘 안 풀리던 수학 문제를 풀 때, 시험을 잘 치를 때, 간절히 원하던 직장에 들어갔을 때, 큰 병으로 죽을 뻔했다가 나았을 때, 많은 빚을 갚을 때 기쁨도 함께 온다.

• 주는 기쁨은 독특하다. 우리가 다른 사람과 무언가를 나누는 순간은 거룩하다. 줄 때 우리의 인격이 빛난다. 기쁨을 다른 사람과 나눠라. 좋은 일이 있으면 남을 초대해서 함께 즐겨라. 슬픔은 나눌수록 줄어들고 기쁨은 나눌수록 늘어난다.

• 프리드리히 니체(Friedrich Nietzsche)는 삶의 모든 정황에서 긍정하는 길을 제시했다. 우리를 괴롭게 하고 두렵게 하는 모든 상황을 기꺼이 받아들여야 한다는 신성한 긍정, 절대적 동의를 니체는 '운명을 사랑하는 마음'이라고 했다. 운명을 사랑하는 것은 우리에게 닥치는 모든 일을 묵묵히 견뎌내는 소극적 태도가 아니다. 그자체를 사랑하는 적극적 태도다.

• 아르투르 쇼펜하우어(Arthur Schopenhauer)는 염세 철학자였지만 건강은 긍정했다. 그는 건강관리를 잘해서 비교적 오래 살았

다. 매일 냉수마찰을 했고, 행복하려면 하루에 최소 두 시간은 자연 속에서 걸어야 한다고 주장했다. 건강관리, 자기 몸에 대한 애정, 자기 몸을 제대로 느끼고 정신과 조화하는 능력은 기쁨을 창조하는 데 필수조건이다.

• 현자와 성인들의 모습은 모두 어린아이 같다. 살아 있는 기쁨으로 숨 쉬고 가랑잎만 굴러도 웃음을 터뜨리며 장난기가 많다. 인생을 달관했기 때문이다.

• 우리는 주위의 모든 것과 조화를 이루어야만 기쁨을 얻을 수 있다.

기쁨을 느끼지 못하는 이유

• 여유가 없기 때문이다. 점점 더 바쁘게 돌아가는 삶은 우리 능력을 고갈시킨다. 열심히 살아도 시간이 늘 부족하다고 느낀다. 숨 가쁜 현실에 기쁨을 잊는다. 인간의 욕망은 한없이 팽창한다. 욕구를 다스리지 못하면 시간에 쫓긴다. 인생을 즐기고 기쁨을 찾으려면 욕망을 다스리고 느긋해져야 한다. 여유가 있어야 기쁨을 얻는다.

• 삶의 고통, 근심, 걱정에 기쁨이 눌려 있기 때문이다. 하루하루 살기 바빠 기쁨을 생각할 여유가 없다.

• 이기주의에 빠져 있기 때문이다. "사촌이 땅을 사면 배가 아프다"라는 속담이 있다. 나만 잘되려 하면 참된 기쁨을 모른다. 이

기주의에서 벗어나야 성숙한 기쁨을 얻는다. 남이 성공하면 내가 성공한 것처럼 기뻐하자. 성공한 사람을 공개적으로 축하하자. 경쟁 심리를 물리치자. 다른 사람의 성공과 행복을 즐기면 기쁨이 샘솟는다.

• 인간 본성에 부정적인 면으로 치우치는 경향이 있기 때문이다. 긍정적인 것보다 부정적인 것을 더 오래 기억하고, 남을 칭찬하기보다는 비난하는 것을 선호한다. 이런 성향에서 벗어나 의도적으로 기쁨을 만들어야 한다.

• 기쁨을 연습하지 않기 때문이다. 기쁨은 훈련과 연습으로 높일 수 있다.

취미를 살려라

자신이 좋아하는 생산적인 취미를 한 가지만 살리면 일생을 기쁘게 산다. 취미는 일상 업무와 성격이 다르다. 의무나 억지로 즐기려 노력하는 것이 아니다. 하고 싶은 일을 하고 싶을 때 하는 것이다.

취미는 무엇보다 자신이 기뻐하는 것이어야 한다. 억지로 하거나 남과 경쟁하는 것은 취미라고 볼 수 없다. 일, 일, 일 하면서 일에만 몰두하는 사람이 있다. 일에 지나치게 몰두하면 몸을 망친다. 스스로 내가 좋아하는 것은 무엇이고, 잘하는 것은 무엇인지 질문해보라. 그리고 취미로 삼을 것을 골라 꾸준히 함양하라.

그러면 어떤 취미가 좋은가? 자기가 좋아하는 것, 건전한 것이 좋다. 음주가 취미인 사람이 있다. 이는 건전하지 못하다. 단순히 쾌락을 위해서 돈과 건강을 잃을 뿐이다. 예전에는 등산, 독서, 영화감상 등을 주로 했지만 요즘은 독특한 취미가 많다. 춤, 노래, 여행, 그림, 악기, 컴퓨터 등 종목이 대단히 다양해졌다.

또 취미는 자기 업무와 조금 다른 것이 균형감을 높이는 데 도움이 된다. 말하는 직업인은 낚시, 사무원은 춤이나 테니스, 스트레스가 많은 사람은 악기나 운동이 좋다. 취미는 기쁨을 생산하는 수단이다.

기쁨을 회복하는 비결

- 정신적·육체적·정서적으로 좋은 느낌을 갖자. 항상 웃고 기분 좋게 살자.
- 상대방의 말을 경청하자. 뜨겁게 사랑하던 부부도 시간이 지나면 서로 익숙해지고 상대방에 대한 관심도 약화된다. 익숙해지는 건 무서운 일이다. 사랑하는 마음으로 상대의 말에 귀를 기울이자. 그러면 예전의 기쁨을 되찾게 된다. 상대방의 말에 공감하며 관심을 보이면 오해와 섣부른 판단을 피할 수 있다. 또 서로 더 잘 알고 관계가 좋아지며 상대방을 믿는 마음도 커진다.
- 아름다운 기억을 떠올리자. 그러면 인생을 부정적으로 보지 않게 될 뿐만 아니라 낙담할 일도 줄어들게 된다. 아무리 상황이 좋

지 않아도 아름다운 기억을 생각하면 마음이 편안하고 차분해진다. 어려운 상황을 달리 보면서 건강하고 새로운 습관을 들이자.

• 자기 자신과 자기 행동을 분리해서 생각하라. 사업이 망했다고 내가 망하는 것이 아니다. 입시 실패, 실직 등 인생의 모든 경우에 적용된다. 종이돈이 구겨지고 금덩어리에 진흙이 묻었어도 돈은 돈, 금은 금이다. 우리는 우리 행동과 자신의 가치를 동일시하기 쉬운데 이것은 잘못된 생각이다. 나 자신은 정말 귀한 존재라는 것을 시시때때로 상기하라.

• 바람직한 미래상을 그려보라. 현재에 만족하기보다 자신의 이상적 이미지를 앞에 두고 늘 생각하라. 사람은 생각하는 만큼, 생각하는 방향으로 달라진다.

• 좋은 친구를 사귀고 가치 있는 책을 많이 읽어라. 늘 신선한 자극을 받으면 좋다.

• 사소한 기쁨을 자주 경험하자. 큰 기쁨은 자주 오지 않는다. 하지만 자잘한 기쁨은 늘 내 곁에 있다. 작은 기쁨을 찾으면 기쁨이 마르지 않는다.

기쁨을 주는 사람

아침에 눈 뜨면 "오늘 한 사람이라도 기쁘게 해주어야지!" 하는 마음으로 하루를 열자. 기쁨을 나누는 일은 다른 사람을 위한 신성한 봉사다. 남에게 기쁨을 주려면 어떻게 해야 할까? 과거를 돌아보라. 다른 사람이 어떻게 해줄 때 기뻐했는가? 그러면 남을 기쁘게 하는 방법이 보인다.

- 밝게 웃으라. 미소만 잘 지어도 남들이 기뻐한다.
- 덕담을 하라. 천주교 신자들은 헤어질 때 서로에게 복을 빌어 주는 습관이 있다. 덕담은 누구에게나 선하다. 덕담을 많이 듣는 사람의 앞길은 좋다.
- 함께 식사하라. 식사는 단순히 음식을 먹는 것 이상의 의미가 있다. 마음을 나누고 이야기할 기회를 마련하는 일이다.
- 유머를 적절히 사용하라. 유머로 상대방을 즐겁게 하는 것은 좋은 서비스다.
- 다른 사람이 고독할 때 함께 있어라. 함께 있기만 해도 위로가 된다.
- 인정하고 칭찬하며 격려하라. 상대방 이름을 자주 불러주고 예의를 갖춰라. 장점을 칭찬하며 용기를 북돋우라.
- 유익한 정보를 나눠라. 좋은 정보, 적절한 상담, 명확한 해결책은 상대방에게 특별한 기쁨이다.
- 간단한 선물을 주어라. 선물을 주면 누구와도 친구가 될 수 있다는 말이 있다.
- 일을 도우라. 부탁하기 전에 도와주면 효과가 더 좋다.
- 기쁠 때 함께 기뻐하고 슬플 때 함께 슬퍼해라.

기쁨 훈련 30일 프로젝트

기쁨은 우리의 의지와 노력으로 기를 수 있다. 꾸준히 노력하고 매일 훈련하면 좋다. 다음은 기쁨 훈련 30일 프로젝트다. 누구나 실천할 수 있다. 매일 하나씩 실천하면 기쁨의 능력도 높아진다.

1. "항상 기뻐하라"를 10회 이상 반복하라.

2. 새로운 것을 배우라.

3. 일을 게임처럼 하라.

4. 일에 몰두하라. 일에 전심전력하면 매일이 즐겁다.

5. 약간 어려운 것을 시도하여 성취하라.

6. 하루 세 번 사진 찍을 때처럼 환하게 웃어라.

7. 가족이나 주위 사람을 칭찬하라.

8. 주위에 있지만 평소에 관심 없던 사물 10가지를 찾아보라.

9. 숲속에 가서 자연과 더불어 지내라.

10. 오늘 만나는 사람마다 따뜻하고 올바르게 친절을 베풀라.

11. 느긋하게 행동해라.

12. 일일일선을 실행하라. 오늘 내가 할 착한 일은 무엇인가?

13. 날씨가 좋으면 석양을 바라보고 해지는 황홀한 광경에 빠져들라.

14. 신나게 노래하고 춤추어라. 할 수 있으면 악기도 연주하라.

15. 책이나 좋은 문장을 읽어라. 감동적인 설교나 유익한 강의를

들어라.

16. 공연이나 축제행사에 가라. 아니면 자신만의 이벤트를 만들어 즐겨라.

17. 실컷 웃어라. 유머를 적극 활용하라.

18. 자신의 처지에 만족하고 감사하라. 내게 있는 크고 작은 축복을 떠올려라.

19. 물리적인 환경을 더 낫게 만들어라. 책상을 잘 정리하라.

20. 욕망을 잘 다스리고 단순하게 살라. 잡동사니를 줄여라.

21. 상상력을 동원해서 끊임없이 기쁨을 생산하라.

22. 하루를 기쁨으로 시작하라. 여유 있게 일어나라. 오늘 이룰 목표를 분명하게 하라.

23. 일에 대한 염려를 잊고 온전히 쉬어라.

24. 미래를 향한 비전을 마음속에 뚜렷하게 그려라.

25. 가족이나 친구들과 맛있게 식사하며 즐겁게 이야기하라.

26. 기쁨을 이끌어내는 질문을 하고 답을 찾아라(감사한 일? 내 장점? 내가 성취한 일? 나를 사랑하는 사람? 내가 좋아하는 음식?).

27. 자신 있게 말하라. 이미 성공한 것처럼 스스로 격려하라.

28. 취미에 몰입하라.

29. 자기에게 맞는 운동을 하라.

30. 균형 잡힌 삶을 살라. 자신이 다스릴 수 있는 삶을 살라. 극단을 피하라.

감사하자

모든 일에 감사하라.

감사의 힘

감사는 긍정적인 언어다. 긍정적인 말에는 능력이 있다. 인도 시인 라빈드라나트 타고르(Rabindranath Tagore)는 "감사의 분량이 곧 행복의 분량이다"라고 했다. 감사하는 사람은 늘 기쁘고 행복하다. 감사를 구체적으로 표현하면 기분이 좋아진다. '감사합니다', '고맙습니다'는 기적을 일으킨다. 감사하면 우울증과 스트레스가 줄어든다. 잃었던 감사를 회복하자. 감사는 본능이 아니다. 훈련해야 습관이 된다.

자주 감사하면서 변화된 사람이 많다. 마음이 더 밝아졌고 모든 일에 적극적으로 행동한다. 내성적이고 소극적인 사람이 외향적이고 사교적으로 변하며 감사할 일이 늘어난다. 오프라 윈프리(Oprah Winfrey)는 수십 년 동안 감사 일기를 썼다. 감사할 일을 글로 정리하면서 삶이 긍정적으로 변했고 어려운 일이 있어도 당당하게 극복했다.

최근 영국에서 연구하고 조사한 결과 부부가 서로에게 감사하다는 표현을 하면 더욱 행복해지며 이혼이 거의 없다고 한다. 자주 감사하는 사람은 행복한 얼굴과 빛나는 마음으로 살아간다. 얼마나 복된 일인가?

작년 여름 딸들과 외손녀와 함께 천리포해수욕장에 다녀왔다. 점심을 먹고 물속을 걷다 바닥에 꽂힌 쇠말뚝을 미처 보지 못하고 부딪쳐 넘어지면서 네 군데나 다쳤다. 왼쪽 무릎에서 피가 줄줄 흘렀다. 다른 곳에서도 피가 났다. '당장 외과에 가야겠구나!' 그런데 입에서 이런 말이 자연스럽게 나왔다. "이만하길 다행입니다. 감사합니다." 나는 감사가 자연스러운 습관이 되었다고 생각한다. 다행히 외과에 가지 않았는데 한 주간 지내니 상처가 나았다. 나는 누가 조그만 친절을 베풀어도 감사하다는 말을 한다. 물 한 잔 주어도 감사하다고 한다.

감사는 조건보다 태도에서 온다

감사는 상황이나 조건보다 태도에서 나온다. 사건과 상황에 대한 관점이 중요하다. 당연히 여기던 것도 찬찬히 돌아보면 감사할 조건이 보인다. 발 뻗고 편히 자고 때 되면 식사하며, 아이 학교 가는 모습 보고 일하러 가며, 따뜻한 불이 켜지는 저녁을 맞이하고 마음대로 물을 쓸 수 있으며, 간편한 스마트폰으로 소통하면서 정보를 얻는다. 일상 곳곳에 감사가 있다.

인생 최고의 예술은 모든 때와 모든 일에 감사하는 것이다. 이 말을 표어로 삼고 실천하면 어떨까. 감사를 늘 배우고 생활화해야 한다. 마음만 바꾸면 맑은 날씨나 오랜만의 비조차 반갑다. 행복관리의 첫걸음은 감사하는 마음에서 시작된다. 아울러 먼 훗날의 큰 만족감보다 사소한 것에서 매일매일 자주 느끼는 감사함이 우리에게 더 큰 행복을 가져다준다.

300년 전 영국에 매튜 헨리(Matthew Henry)라는 신학자가 있었다. 어느 날 밤 집에 가다 강도를 만났다. 강도는 그를 마구 때리고 가진 돈을 다 빼앗아갔다. 집으로 돌아오자마자 헨리는 무릎 꿇고 기도했다.

"전에 이런 일이 없이 무사하게 지내왔음을 감사합니다.

강도가 돈만 빼앗고 목숨을 가져가지 않았음을 감사합니다.

돈은 잃었지만 그렇게 많은 금액이 아님을 감사합니다.

내가 강도가 아니요 상대가 강도였음을 감사합니다."

모든 일에서 밝은 면을 바라본다면 어떤 상황에서도 감사할 일을 찾을 수 있다.

모든 일에 감사하라

감사를 전혀 모르는 사람도 있고 좋은 조건에서만 감사하는 사람도 있다. 그러나 모든 일에 감사하는 사람이 있다. 감사의 차원이 가장 높다. 좋은 일뿐만 아니라 그렇지 않은 일에도 감사한다. 이런 사람은 겸손하다. 세상은 내 뜻대로 되지 않는다. 행복하게 살려면 감사하는 습관을 길러야 한다. 어떤 여건에서든 행복한 사람은 행복하고 불행한 사람은 불행하다.

감사하는 능력이 자라면 못 보던 것이 보인다. 우리가 먹고 쓰는 물품은 대부분 다른 사람이 만들었다. 다만 돈 주고 샀을 뿐이다. 전기, 병원, 의사, 간호사, 약, 교통수단, 컴퓨터, 스마트폰, 가전제품은 우리 시대의 축복이다. 솔로몬왕과 진시황이 꿈도 꾸지 못하던 것들을 마음껏 누린다.

기대치를 낮춰보라

우리가 기대치를 조금 낮춘다면 이 세상에 감사할 일이 많다.

나는 병원에 자주 간다. 환자들을 유심히 바라보면서 여러 가지 상상을 한다. 내가 걸어 다니는 것만으로도 충분히 감사할 조건이 된다.

누운 사람은 휠체어를 타고 다니기만 해도 좋겠다고 말한다.

휠체어를 타는 사람은 워커라는 보조기구를 이용해서라도 걷고 싶어 한다.

청력이 약한 사람은 듣고 싶어 한다.

위가 약해 못 먹는 사람은 잘 먹고 기분 좋게 소화시키고 싶어 한다.

폐암에 걸린 사람은 시원하게 호흡 한 번 했으면 한다.

성대에 이상이 생겨 말을 못하는 사람은 자유롭게 말하고 싶어 한다.

앞을 못 보는 사람은 보고 싶어 한다.

시한부 인생을 사는 사람은 조금이라도 더 사는 것이 소원이다.

나에게도 감사하자

우리는 또한 자신에게 감사해야 한다. 내가 지금까지 살아온 건 나를 부지런히 가꾸었기 때문이다. 이 세상에 나는 하나뿐인 존재다. 나를 사랑해야 남을 사랑한다. 내게 감사해야 다른 사람에게도 감사할 마음이 생긴다. 열등감이나 피해의식이 있는 사람이 다른 사람을 괴롭게 하며 자신에게도 상처를 입힌다.

감사를 습관으로 만들려면 평소에 어떻게 해야 할까? 다섯 가지만 실천해보자.

첫째, 아침에 일어나서 감사기도를 하고 "오늘 모든 일에 감사하며 살겠습니다"라고 하자.

둘째, 당연한 것도 깊이 생각해보자. 그러면 감사할 조건을 많이 발견할 수 있다.

셋째, 다른 사람이 친절하게 대하면 바로 감사하자. 비록 사소한 친절이라도 곧바로 감사를 표현하는 것이 바람직하다.

넷째, 감사할 목록을 작성하여 자주 읽어보자.

다섯째, 매일 감사 일기를 쓰자. 이 책 뒷부분에 정리한 오프라 윈프리의 감사 일기를 참조해도 좋다.

인내력을
기르자

인내심은 평온을, 성급함은 후회를 거둔다.

인내 이야기

중국인의 저력 대만의 사학자이자 작가인 바이양(柏楊)이 쓴 글에 이런 이야기가 나온다. 일본인, 미국인, 중국인 세 사람이 상금을 걸고 돼지가 있는 밀폐된 돼지우리에 들어가 인내심 시합을 했다. 누가 오래 참나 보자는 게임이다. 일본인은 들어가자마자 "아이고, 숨 막혀 못 견디겠다" 하고 뛰쳐나왔다. 미국인은 어지간히 견디더니 "아이고, 더 있다가는 실신하겠다. 더는 못 견디겠다" 하고 뛰쳐나왔다. 아무리 기다려도 중국인은 나오지 않았다. 심사위원들이 들어가 보니 이 중국인은 돼지를 베개 삼아 누워 자고 있었다. 바이양은 이것이 중국인의 저력이라고 했다.

진정한 관심은 긴 인내가 필요하다 노벨상 수상자 중 가장 나이가 많은 사람은 87세의 미국 의학자 프랑시스 피통 루(Francis Peyton Rous)로 알려져 있다. 그는 30세 때인 1909년 록펠러재단 의학연구소에 들어갔다. 어느 날 양계장을 하는 사람이 병든 플리머스 로크종 닭을 검사하려고 연구소에 가져왔다. 그 닭은 종양에 걸려 죽었는데 그는 혹시 바이러스가 있는지를 살펴보았다. 그는 검사 결과 '세포를 마음대로 넘나드는 물질'이 있다는 것을 발견했다. 그리고 그 물질은 다른 닭에서도 종양을 만들어내는 것을 알아냈다. 1930년대에 그 물질은 '루씨 닭 육종 바이러스'라는 이름으로 불렸다. 최초의 '종양 바이러스'가 된 셈이다.

그 후 그의 연구 성과는 사람들에게 커다란 반향을 일으키지 못했다. 그러나 1966년에 와서 바이러스의 작용이 얼마나 중요한지가 분명히 알려졌고, 55년 전 루가 연구하여 발표한 보고서의 가치가 드러났다. 그래서 그는 반세기가 넘도록 기다려 노벨상을 받았다. 쉽게 결과를 얻지 못한다고 포기하지 말아야 할 이유다.

인내는 쓰고 열매는 달다 책 쓰기는 장거리 경주와 비슷하다. 처음에는 열정이 대단하다. 그러다 이내 기력이 떨어진다. 포기할 것을 심각하게 생각한다. 그때 순탄한 내리막길이 나와 반짝 힘을 얻는다. 간혹 번득이는 묵상의 영감이 차오른다. 그러나 한 장 쓰기에도 지칠 때가 많다. 작업이 대부분 장거리 주자의 리듬을 닮았다.

꾸준한 속도로 멀고도 외로운 길을 감내해야 한다. 마지막 한 줄이 눈에 보일 때쯤이면 아예 감각이 마비된다. 몇 달 전 품었던 열정을 찾아 두레박을 드리우지만 공급이 달린다. 새 힘이 필요하다. 영감이 필요하다. 그때 '인내는 쓰고 열매는 달다'는 명언을 기억하면서 목표를 향해 전진해야 한다.

가능성과 끈기 새해를 맞으면 누구나 크고 작은 결심을 하고 계획을 세운다. 술꾼은 술을 끊겠다고 하고, 골초는 금연을 결심한다. 게으름뱅이는 새벽에 조깅을 하기로, 어린이는 일기장을 쓰기로, 주부는 가계부를 적어 나가겠다고 다짐하지만 대개 작심삼일이다.

미국 스크랜턴대학 놀크로스 박사의 조사결과에 따르면 어른 중 절반이 새해에 이것저것 계획을 세운다. 그중 70%가 건강과 관련이 있다. 다섯 사람 중 네 사람이 결심을 일주일 이상 지키며, 절반 넘는 사람은 한 달 이상, 두 사람 정도가 반 년가량 실천한다. 2년 이상 결심을 지키는 사람은 다섯 중 1명밖에 안 된다.

결심할 때 주의할 점은 한두 번 결심을 깼다고 해서 단념해서는 안 되며 실망과 좌절을 딛고 일어나 다시 시작해야 한다는 것이다. 놀크로스 박사는 또 처음부터 너무 엉뚱한 결심이나 큰 계획을 세우지 말고 작게 세우는 것이 낫다고 충고했다. 왜냐하면 등에 진 짐이 가벼우면 웬만큼 달려도 넘어지지 않고 넘어지더라도 큰 상처를 입지 않고 일어설 수 있기 때문이다.

마시멜로 이야기 미국 스탠퍼드대학교 월터 미셸 교수는 네 살 아이들을 모아놓고 실험을 했다. 빈 방에 있는 책상 위에 마시멜로 한 개를 올려놓은 뒤 아이들을 한 명씩 들여보내고는 이렇게 말했다. "이 마시멜로는 네 거야. 그런데 15분만 먹지 않고 참으면 하나를 더 줄게. 그러면 너는 둘을 먹게 될 거야. 그러니까 지금 먹으면 하나를 먹고 15분 뒤 먹으면 두 개를 먹는 거야." 이 실험을 '만족 유예'라고 이름 붙였다. 그동안 욕망을 자제하고 유혹 앞에 절제하며 참아내는 인내심 또는 믿음을 시험하는 것이다.

15분만 참으면 하나 더 준다! 그걸 믿어야 한다. 지금 먹으면 한 개, 믿고 15분을 참으면 두 개. 무려 600명을 상대로 실험했는데 15분을 참지 못하고 미리 먹은 아이들이 3분의 1, 참은 아이들이 3분의 2였다. 즉 참은 아이가 더 많았다. 14년 뒤 이들을 다시 추적해보니 잘 참은 아이들은 사회성이 뛰어난 사람으로 성장한 반면, 잘 참지 못한 아이들은 쉽게 짜증스러워하고 사소한 일에도 화를 잘 냈다.

아이들에게 인내심을 길러주는 것은 아이 일생을 위해서 매우 바람직한 일이다.

가장 뛰어난 덕, 인내 석가모니는 이렇게 말했다. "지혜로운 것은 훌륭하다. 하지만 그보다 더 훌륭한 것은 인내다."

그는 모든 것을 비운다는 하나의 목표를 가지고 끊임없이 수행했다.

인내를 영어로는 'patience', 'patient', 'perseverance', 'endurance', 'persevered'라고 한다. 각각 미묘한 의미 차이가 있지만 사물에 대한 참을성, 사람에 대한 참을성을 내포하고 있다. 환자(patient)라는 말이 인내라는 말과 같은 것이 흥미롭다. 환자는 인내할 수밖에 없는 사람이다.

그런데 우리는 일상의 삶을 위해서도 인내심을 발휘해야 한다. 아파트 생활을 하는 사람들은 대부분 경험할 것이다. 즉 층간소음, 주차, 흡연 등 사소한 불편으로 주민들이 서로 얼굴을 붉히며 말다툼을 한다. 사소한 일이 법적 문제가 되기도 한다. 따라서 어떤 경우라도 인내심을 발휘하며 대화로 풀어야 한다.

직장에서 우리는 많은 사람을 상대한다. 상사, 동료, 고객, 직장 후배, 고용직원 등 다양한 사람과 대면해야 한다. 이때 꼭 필요한 것은 인내다. 현대인은 조급증에 걸려 있다. 그래서 인내하지 못한다. 인생의 참된 가치는 기다림과 인내에 있다는 것을 알아야 한다.

재능이 많은 사람이라고 해서 반드시 성공하지는 않는다. 교육을 많이 받았다고 성공하는 것도 아니다. 용기가 있다고 승리하는 것도 아니다. 한 가지가 부족하면 성공할 수 없다. 즉 인내가 있어야 한다. 인내력이 적은 사람은 그만큼 약한 인간이라고 할 수 있다.

문인들은 대체로 고생을 많이 했지만 그중에서도 수많은 고통과 싸워야 했던 요한 볼프강 폰 괴테(Johann Wolfgang von Goethe)는

60년에 걸쳐 《파우스트》를 완성했다. 과학자 아이작 뉴턴(Isaac New-ton)은 말년에 이런 말을 했다. "내가 발견한 것 중 가장 귀중한 것은 인내였다." 그리스의 철학자 에픽테토스(Epiktētos)는 "포도 한 송이가 만들어지는 데도 과정이 있고 세월이 걸린다. 우선 꽃을 피게 하고 그다음 열매를 맺게 하고, 또 그다음 여물게 한다"라고 했다.

무슨 일이나 차근차근 단계를 충실히 거치며 인내로 성과를 거두어야 한다. 너무 조급해서도 너무 결과에 집착해서도 안 된다. 인생이란 결과 못지않게 과정도 중요하다. 괴롭고 힘든 일이라도 과정 자체에 의미가 깔려 있기 때문에 느긋하게 잘 참으며 꾸준히 걸어가야 한다. 공부는 머리로 하는 것이 아니라 엉덩이로 한다. 책상에 오래 앉아 있는 사람일수록 공부를 잘할 확률이 높다.

인내심 부족이 모든 실패의 중요한 원인이 된다. 대부분 의도는 인내심 부족으로 좌절된다. 마라톤은 목표지점에 가까이 올수록 더 힘들다. 에베레스트를 눈앞에 두고 포기해야만 했던 사람들이 얼마나 많은가?

중국에는 우공이산(愚公移山)이라는 고사가 있다. 마오쩌둥(毛澤東)은 이 고사에서 인내의 철학을 학습했다고 한다. 그래서 그는 장제스(蔣介石)와 장기간 투쟁을 벌여 승리하고 중국을 통일할 수 있었다.

인도에도 우공(愚公)과 같은 노인이 있었다. '다시랏 만지'라는 70대 노인은 22년 동안 정과 망치만으로 산을 깎아 길을 만들었다고 한다. 그는 1960년 자기 아내가 병원이 너무 멀어 병원에 가지 못하고 죽자 다른 사람들은 이런 일을 겪지 않게 하려고 이 일을 시작했다고 한다.

우리 국민은 원래 은근과 끈기의 민족이었다. 우리 문화만 보아도 잘 알 수 있다. 김치, 된장, 식혜, 막걸리 모두 오래 발효시켜 맛을 내어 먹었다. 밥할 때도 밥이 끓은 다음 한참 뜸을 들여야 한다. 이런 행동은 인내력 없이 할 수 없다. 그런데 지금은 어떤가? 모두 조급증 환자가 되었다. 옛날 우리 조상의 느긋한 품성을 회복해야 하지 않을까?

정성을 다하고 꾸준히 인내하면 좋은 세월이 온다

하는 일도 없이 좋은 세월이 오기를 기다리는 것은 헛된 짓이다. 뚜렷한 목적을 향하여 간절한 마음으로 꾸준히 하면 반드시 적절한 기회를 만나게 된다. 시간의 양이 충분히 채워질 때 기회를 만나게 된다. 대기만성(大器晚成)이라고 했다. 큰 인물은 하루아침에 길러지지 않는다.

이순신(李舜臣)의 일대기를 보면 그는 초기에는 정말 운이 없는 무관이었다. 그는 불이익과 부조리를 너무 많이 경험했다. 그래도 실망하지 않고 꾸준히 노력했다. 그 결과 인격과 실력이 향상되었고 이를 바탕으로 풍전등화 같았던 조국을 구해낼 수 있었다.

소설 《연탄길》의 저자 이철환 씨의 회고담이다. 그는 소설가가 되겠다는 꿈을 품었고, 여러 날 동안 정성을 들여 원고를 완성했다. 그는 그 원고가 최고 베스트셀러가 되리라 확신했다. 출판사에 원고를 보냈지만 거절당했다. 그 원고를 수정해서 다른 출판사에 의뢰했다. 그런데 또 거절당했다. 원고를 다시 고쳐서 다른 출판사로 보내기를 다섯 차례나 거듭했고, 이러는 동안 3년이 훌쩍 흘렀다. 그런데 여섯 번째 출판사에서 원고가 채택되어 책이 나왔고 420만 부가 팔렸다. 원고를 다섯 번이나 거절당한 시간은 헛되지 않았다. 인고의 세월이었고 성숙하는 시간이었다.

많은 사람이 조급증에 빠져 있다. 무엇이든 빨리빨리 얻으려 한다. 익어가는 과정 없이 빨리 성취하거나 출세하면 오히려 재앙이 된다. 매사에 정성을 다하고 차분히 기다려라. 시간이 충분히 경과되면 기회가 웃는 모습으로 찾아온다.

인내가 우리를 지켜준다

우리의 현재 모습을 살펴보라. 속도가 미덕이 되는 상황에서 느긋함, 인내, 기다림은 드물다. 인내는 사물과 사람 모두에게 적용된다. 일이 힘들어도 포기하지 않고 참는 것도 인내이며, 나를 화나게 만드는 사람에게 즉흥적으로 반응하지 않는 것도 인내다. 그런데 어떤 경우든 인내하기는 어렵다. 이 세상에서 힘든 일 중 하나가 상대방의 모독을 참는 것이라고 한다. 인간은 이지의 동물이 아니라 감정의 동물이다. 인내력을 훈련하면 많은 재앙을 예방할 수 있고 범죄도 미리 막을 수 있다. 살인도 예방하게 된다. 그러므로 인내는 우리 자신을 지켜주는 고마운 방패다.

　다른 덕도 마찬가지겠지만 인내력을 갖추려면 평소 많이 훈련해야 한다. 인내 훈련은 어렵고 지루하다. 어떤 외부 상황과 마음의 동요가 생기더라도 자기 위치를 잃지 않고 내면의 평화를 유지하려면 각고의 훈련을 하지 않으면 안 된다.

【인내력을 기르는 방법】

- 현재 상황에 집중하라. 마라토너처럼 되자. 마라토너는 뛸 때 한 발 한 발에 집중하며 내딛는 발을 의식한다. 하나하나에 집중하다보면 결국 못 해낼 것 같은 일도 어느새 할 수 있게 된다.
- 자존감을 향상해라. 자존감이 낮은 사람은 쉽게 포기하려고 한다.
- 계획적인 인간이 돼라. 규칙적으로 생활하라. 매일 기상, 취침, 식사, 산책, 운동, 일, 공부 등을 하는 시간을 일정하게 정해놓으면 어떤 감정적 기복이나 외부사정으로 쉽게 체념하거나 속단하는 일이 줄어든다. 그런데 삶이 무질서하면 인내력도 약해진다.
- 목적을 갖고 운동하라. 헬스, 등산, 조깅 등 유산소 운동이 좋다. 주 3일 이상 하라. 운동을 하면 몸이 건강해지고 인내심을 키우는 일석이조의 효과를 거둔다.

- 역지사지(易地思之)의 기술을 배워라. 상대방 처지에 서서 생각하라. 상대방이 이상한 행동을 하는 데는 반드시 이유가 있다. 남의 처지를 배려하는 마음을 가지면 인내심이 향상된다.
- 자기 마음을 믿어라. 외부에서 부정적인 영향을 받을 때 흔들리지 말고 의지를 살려 목표하는 것을 꾸준히 하라.
- 스트레스를 잘 풀어라. 그래야 감정조절이 잘된다.
- 일의 목표를 분명히 하라. 왜 이 일을 해야 하는지 명확하게 하면 그 일을 끝까지 해낼 수 있다.
- 의도적으로 좋은 쪽만 생각하라. 그러면 견딜 수 있다. 의도적으로 긍정할 필요가 있다. 가치 있는 일일수록 시간과 돈, 노력이 많이 필요하다는 것을 인정하라.
- 인내에 관한 명언을 외웠다가 필요할 때 소리 내어 말하자(인내는 쓰다. 그러나 그 열매는 달다. / 인내심을 갖추는 것만으로도 위대하고 고귀한 힘을 가진 것이다. / 인내는 낙원의 문을 여는 열쇠다).
- 어떤 경우를 만나든 항상 여유를 지녀라. 조급하면 일을 그르친다. 조급한 사람은 반드시 인내를 배워야 한다.
- 어떤 상황이든 무조건 참아라. 참으면 승리하게 된다. 참는 것이 체질화된다면 무슨 일을 만나도 참을 수 있다.

비전을
추구하자

◯◯◗

중요한 것은 당신에게 삶의 목적을 부여하는 비전을 찾아서
실현하는 일이다.

비전을 발견하자

우리는 변화를 추구하며 바람직한 미래를 꿈꾼다. 우리 안에는
우리가 이 지구상에 존재하는 목적을 성취하고 싶은 열망이 있다.
심리학자 매슬로가 말한 '자아실현의 욕구'가 내면에서 늘 꿈틀거
린다.

사람은 청소년기, 청년기, 중년기, 장년기, 노년기를 거치면서 이
상과 현실의 격차에 종종 갈등한다. 성공해도 이 성취가 진정 내가
바라던 일인지를 자신에게 진지하게 되묻기도 한다. 그리고 인생의
다양한 전환점에서 정체성의 문제에 부딪힌다. 취직, 이사, 직업 전
환, 이혼, 실직, 사업 실패, 질병 앞에서 내가 왜 여기 있는지 심각하

게 생각하게 된다.

황혼기에 접어든 이들도 가끔 인생의 목적을 생각한다. 삶은 무엇인가? 지금까지 이룬 과업은 진정한 성공인가? 다른 것들을 희생하면서까지 붙들어야 하는 건가? 이 모든 일에 고상한 목적의식이 없다면 그저 헛되이 살았을 뿐이다.

지금 지향하는 것보다 위대한 목적을 찾을 수 있을까? 삶에서 더 크고 놀라운 방향성을 지닐 때 우리 힘으로 도달할 수 없었던 저 높은 곳으로 나아가게 된다. 우리는 알아야 한다. 무엇을 하러 여기에 왔는지, 왜 이곳에 존재하는지.

우리는 편리하고 여유롭게 살지만 삶의 목적은 너무 빈약하다. 물질은 풍요하나 정신은 빈곤하다. 이런 자기 모습을 깊이 고민해야 한다. 정신은 목적 가치이며 물질은 수단 가치다. 정신이 물질을 다스려야 삶이 균형 잡힌다.

우리는 무지와 혼란으로 뒤섞인 삶의 광산에서 비전이라는 귀중한 보물을 파내야 한다. 그런데 이것이 생각보다 쉽지 않다. 인간은 편한 것을 좋아하고 현상을 유지하려는 성향이 있기 때문이다. 그래서 고귀한 목적을 위해 도전하고 희생하기를 꺼린다. 따라서 진정한 변화가 일어나지 않는다. 하지만 인생을 가치 있게 살려면 어떤 노력을 해서든 비전을 찾아야 한다.

비전을 발견하는 일은 매우 중요하다. 인생의 목적을 달성하는 데 가장 중요한 요소이기 때문이다. 비전을 찾아내면 내가 누구인지 분명히 알게 된다. 비전은 삶 전체를 통합해주는 중심점이다. 복잡다단한 일상에서 난파당하지 않으려면 북극성을 보면서 방향을 조정해야 한다. 인생의 북극성이 바로 비전이다.

당신은 뚜렷한 목표의식을 가지고 있는가? 단순한 성공이 아닌 진정 의미 있는 인생을 살기 원하는가? 그러면 비전을 알아야 하고 자신만의 비전을 발견해야 한다.

오늘날같이 실용주의적인 풍조에서 비전이라는 말은 현실과 동떨어져 보인다. 그러나 과거의 위대한 성취와 문명은 모두 비전의 산물임을 알아야 한다. 비전은 눈에 보이지 않는 역동성이다. 그 힘이 눈에 보이는 문명을 창조했다. 오웬 펠덤은 "비전은 자기를 지키는 절대 신이며, 온갖 행복의 근원이다"라고 말했다.

우리가 할 일은 비전을 경시하는 세속의 물결에서 참다운 비전을 건져내는 것이다. 비전에 대해 더 자세히 생각해보자.

비전의 뜻과 중요성

평범한 사람을 비범하게 하고 단조로운 삶에 의미를 주며 개인과 단체에 영속적인 활력을 불어넣는 힘은 무엇인가? 비전이란 신비로운 요소다. 위대한 사람들도 처음에는 평범했으나 자신을 사로잡은 비전을 가졌고 그 위대한 힘에 이끌렸다.

크리스토퍼 콜럼버스(Christopher Columbus)는 본래 위대한 인물이 아니었다. 그 시대에는 그 정도로 용감한 항해사가 여럿 있었다. 그러나 콜럼버스가 그들과 달랐던 점은 비전에 사로잡힌 것이다. 그래서 그는 신대륙을 발견한 위인이 되었다.

비전은 특별한 꿈이다. "사람은 꿈을 지녀야 한다"의 꿈이다. 꿈은 파란 하늘이고 현실은 척박한 땅이다. 우리는 지금 어렵고 힘들게 살아도 미래에는 무언가 좋은 일이 있으리라는 기대와 희망으로 산다. 푸른 꿈이 있기에 힘겨운 나날을 이겨낸다. 인간이 꿈꾸는 능력을 잃는다면 좌절감 때문에 더는 못 산다. 꿈꾸는 동물은 인간뿐이며, 꿈꾸는 능력은 인간이 목적을 실현할 수 있는 가장 창조적이고 소중한 보화다.

오늘날 참다운 꿈을 지닌 사람이 드물다. 그릇된 환상에 사로잡힌 사람이 많다. 우리의 가장 큰 임무는 일생 동안 추구해야 할 꿈, 즉 신성한 비전을 발견하는 일이다.

그렇다면 왜 비전이 필요한지 좀 더 알아보자.

첫째, 개인이나 단체의 영속적 발전을 위한 핵심 동력이기 때문이다. 비전이 없으면 개인은 방탕하고 국가는 무질서해져 끝내 멸망한다. 삶에 초점이 분명하지 않고 행동의 표준이 없기 때문이다. 비전 없이도 살 수 있으나 그 삶은 방탕하고 천박하다. 로마제국이 멸망한 가장 큰 원인은 더는 추구할 비전을 찾지 못했기 때문이다. 그래서 백성들이 먹고 즐기는 데만 집착하다 반달족의 침공을 받아 멸망했다.

둘째, 모든 불안을 극복하는 힘이기 때문이다. 미래에 대한 불안은 크게 두 가지다. 하나는 어디로 가야 할지 몰라서, 다른 하나는 어떻게 가야 할지 모르기 때문에 오는 불안이다. 명확한 비전을 가지면 이런 불안을 모두 극복할 수 있다. 내 앞길이 침침하고 답답한 것은 내가 불행해서가 아니라 참다운 비전이 없기 때문이다.

셋째, 현재의 삶을 의미 있게 하며 지금 겪는 고난을 극복하는 원동력이기 때문이다. 《죽음의 수용소에서》를 쓴 빅터 프랭클(Viktor Emil Frankl)은 제2차 세계대전 중 나치의 강제수용소에서 살아남은 사람이다. 그는 수용소에서 동료 수감인들이 매일 과제 하나를 꼭 실천하도록 권했다. 자유의 몸이 된다면 무엇을 할지 상상하여 재미있게 발표하는 일이었다. 듣는 사람들은 이야기가 끝날 때마다 한바탕 웃었다. 언제 죽을지 모르지만 재미있는 이야기를 하고 들으면 현실의 고통을 뛰어넘을 수 있었다. 과거가 현재에 영향을 준다. 그러나 이에 못지않게 미래도 현재의 행동에 영향을 준다. 미래의 열망이 현재의 삶을 활기차게 한다. 현실이 암담해도 비전은 간직해야 한다.

비전의 요소

위대한 사람들의 비전을 살펴보자. 세종대왕은 '훈민정음 창제', 이순신 장군은 '거북선 제작', 김구 선생은 '대한독립'이라는 비전을 가졌다. 존 F. 케네디(John F. Kennedy) 전 미국 대통령은 인류를 달에 보내는 꿈을 품었다. 거창한 비전이다. 자기 분야에서 최고가 되겠다는 염원도 훌륭한 비전이다. 맥도날드처럼 세계에서 가장 맛있는 햄버거를 만든다는 생각, 후대에 길이 남을 책 1권을 쓰는 일도 비전이다.

비전의 종류는 매우 많다. 그러나 올바른 비전이라면 반드시 다음 요소가 있어야 한다.

첫째, 변화다. 바람직한 미래로 가는 변화다. 지금 상태가 만족스러워도 여기에 머무르지 말아야 한다. 우물 안 개구리가 돼서는 안 된다. 신성한 불만족을 가져야 한다. 그래야 새로운 의욕이 생긴다.

둘째, 목표다. 비전은 수많은 목표로 구성되어 있다. 비전을 목표로 구체화하지 못한다면 환상일 뿐이다.

셋째, 개인과 사회를 유익하게 만드는 일이다. 어떤 비전이든 사람에게 유익해야 가치가 있다.

넷째, 신조다. 올바른 가치관과 철학 위에 세워져야 한다. 욕심을 채우거나 권력을 유지하기 위한 비전은 올바르지 않다.

당신의 비전지수는?

얼마 전 강화도 여행 중 보문사에 들렀다. 버스에서 내려 가파른 언덕길을 한참 올랐다. 절에는 신라시대에 바위를 뚫어 만든 불당이 있다. 암굴 법당에 들어가니 천장에 수백 명의 소원이 적힌 쪽지가 촘촘했다. '가족 건강', '소원 성취', '사업 대박', '공시 합격', '결혼 성취' 등 자신이 이루고 싶은 일 목록이 빼곡했다. 사람에게 소원과 희망이 있는 건 좋은 일이다.

정상적인 사람은 여러 종류의 크고 작은 소원, 희망, 꿈을 가지고 있다. 소년소녀의 환상, 청춘남녀의 낭만, 기업가의 도전, 정치가의 야망, 과학자의 창의 등 무수한 꿈이 있다. 사람은 나이, 환경, 특별한 연령과 사건에 따라 꿈의 형태가 변한다. 그런데 많은 사람이 자기가 바라는 것을 선명하게 묘사하지 못한다. 노래 가사처럼 '돌고 도는 물레방아 인생'이 된다. 꿈을 선명하게 정리하려고 노력해야 한다.

아래 문항으로 자신의 비전지수를 점검해보자. 비전 감각이 있는 사람은 다음과 같은 성향을 지니고 있다.

1. __ 나이에 얽매이기보다 늘 새로운 것을 추구하고 시작한다.

2. __ 3년 후 자기 모습을 뚜렷하게 상상한다. 3년 후에 무엇이 되고 어떤 일을 할지 분명하다.

3. __ 모든 일을 세밀하게 계획한다. 그리고 멀리 보고 차근차근 준비한다.

4. __ 지난 2년 동안 이룬 일이 명확해 이력서가 새로워졌다.

5. __ 지금까지 성공했어도 결코 만족하지 않는다. "더 좋은 것은 앞으로 오는 일이다"라는 말을 믿는다.

6. __ 내게 있는 시간, 물질, 재능의 활용을 소비가 아니라 투자로 본다.

7. __ 곤란보다 기회, 약점보다 강점을 먼저 찾아 긍정적으로 생각한다.

8. __ 모험심이 있고 문제 해결과 위기 극복에 적극적이다.

9. __ 뚜렷한 목표를 지향하여 일관성 있게 행동한다.

10. __ 비전의 환상과 현실의 냉정함을 동시에 파악하여 상황에 맞게 목표를 설정하고 행동한다.

비전을 이루기 위해 극복할 요소

비전은 장밋빛이지만 그것을 달성하는 길은 가시밭이다. 이것을 명심해야 비전을 끝까지 추구할 수 있다. 극복해야 할 요소를 생각해보자.

1. 부정적인 태도다. 예를 들면 '지난날이 더 좋았다', '내일은 더 나빠진다', '믿을 사람이 없다', '지금까지 헛살았다', '주위에 나를 도와줄 사람이 없다'는 생각이다.

2. 부적절한 환경이다. 가난, 질병, 구태의연한 생활 등이다.

3. 잘못된 전통과 사회구조다. 샤머니즘, 유교의 형식주의, 심한 빈부격차, 혈연·지연·학연 등에 좌우되는 사회 등이다.

4. 조급성이다. 빠른 결과를 얻으려고 서두른다. 눈에 보이는 효과가 빨리 나타나지 않으면 일을 중단한다.

5. 고정된 안목이다. 흔히 터널비전이라고 한다. 터널 안에서는 위와 옆을 못 보고 앞만 본다. 보더라도 넓게 보지 못한다. 우물 안

개구리다.

6. 작은 성공에 만족한다. 지금처럼 편안하고 싶기 때문이다. 삶은 안주하기보다 앞으로 나아가고 모험하는 것이다.

7. 다른 사람의 반대다. 마르틴 루터(Martin Luther)는 종교개혁의 꿈을 이루는 과정에서 교황과 황제에게 생명의 위협을 받았고 숱한 고독과 좌절을 겪었다. 링컨 전 미국 대통령은 노예해방의 비전을 가졌으나 많은 반대에 부닥쳤으며 남북전쟁 5년간 60만 명 이상이 생명을 잃었다.

8. 포기하고 싶은 유혹이다. 생각보다 과제가 어렵고 희생이 많다고 느낄 때가 있다. 활동력이 미약해서 추진이 잘 안 될 경우가 있다. 이때는 포기하려는 유혹이 고개를 든다.

9. 권태, 피곤, 탈진이다. 정신적으로 너무 힘을 쏟아서 생기는 현상이다.

10. 위기다. 프로와 아마추어의 실력은 평소에 거의 엇비슷해 보이나 위기일 때 확실히 드러난다. 프로 인생은 어떤 환경에서도 적응하는 비결이 있지만 아마추어 인생은 힘든 상황이 닥치면 우왕좌왕하고 좌절한다.

블레즈 파스칼(Blaise Pascal)은 일찍이 이렇게 말했다. "비전은 현명한 도박이다. 얻을 때는 모든 것을 얻고, 잃을 때는 하나도 잃을 게 없다. 그러므로 주저하지 말고 비전을 믿어라." 새뮤얼 버틀러(Samuel Butler)는 "비전이 있어도 성공하기 어렵다. 하지만 그것마저 없으면 아무 일도 못한다"라고 말했다.

큰 비전을 품자

우선 큰 비전을 가져라. 사자를 그리려 해야 개라도 그리고, 호랑이를 그리려 해야 개라도 그린다. 처음부터 고양이를 그리려 하면 쥐밖에 못 그린다.

왜 큰 비전이 나은가. 비전이 커야 의욕이 생기고 자신의 가능성을 온전히 끌어낼 수 있기 때문이다.

미국 동부 뉴잉글랜드 지방에 널리 퍼져 있는 말 중 하나는 "소년이여, 야망을 가져라(Boys, be ambitious!)"다. 오늘날 미국에서 위대한 사람을 지역별로 살펴보면 뉴잉글랜드 사람이 가장 많다고 한다. 그 지방에 '보이즈, 비 앰비셔스' 정신이 충만해서 그 분위기의 영향이 크기 때문이다. 부모는 자녀가 실수하거나 말썽을 부려도 큰 소리로 꾸짖거나 악담하기보다 점잖게 '보이즈, 비 앰비셔스'라고 격려하여 아이들이 비전과 열망을 고상하게 지키도록 했다.

한국인의 자녀교육열은 전 세계에서 유명하다. 그런데 이상하게도 부모는 자녀들에게 공부만 잘하는 것을 최고 목표로 정해준다. 고상한 꿈을 가지라고 격려하는 것이 길게 보면 훨씬 효과적인데 말이다.

노벨상을 가장 많이 받은 민족은 유대인이다. 그들의 자녀교육 방식은 매우 독특하다. 유대 어머니들은 자녀들에게 어려서부터 위대한 선조들의 이야기를 들려주어 아이들이 야망과 비전을 품도록 교육한다.

우리는 꿈이 작았다. 개간할 농토가 많은데도 여기에 주목하지 않았다. 삼면이 바다였으나 바다로 눈을 돌리지 않았다. 한반도 안에서 당파를 만들어 서로 죽이고 죽었다. 그러는 사이에 나라는 점점 쇠약해져 주권을 잃었다. 36년 가까이 세계 지도에서 완전히 사라지고 말았다.

큰 비전을 품은 사람은 현실에 너무 집착하지 않는다. 조금 손해가 있어도 참는다. 뜻대로 잘 안 되어도 안달하지 않는다. 굴욕적인 일도 감수한다. 시시한 일에 얽매이지 않는다.

이 세상에서 가장 큰 부자는 큰 비전을 품은 사람이다.

비전을 생활화하자

비전은 미래에 이룰 일이다. 하지만 그 미래를 미리 당겨올 수 있다. 지금 비전을 이룬 것처럼 상상하고 선포하면 된다. 다섯 살인 한 꼬마는 어른이 "너는 크면 무엇이 될래?"라고 물으면 큰 소리로 "나는 세계적인 영적 지도자가 될 겁니다"라고 외친다. 바람직한 행동이다.

위대한 지도자는 주로 아침에 명상하면서 비전과 목표를 재확인하고 미래 모습을 선명하게 머릿속에 떠올린다. 이렇게 시각적으로 자기 모습을 영상화하면 마치 현실처럼 느껴진다. 비전과 목표를 생각하면 우리 몸이 즉각적으로 반응한다. 가슴이 벅차고 좋은 에너지가 밀려온다. 그러면 보통 사람과 달리 하루를 열정적으로 살 수 있다.

아침에 어린 자녀에게 이런 체험을 하게 해보라. 책상 앞에 꿈과 관련된 사진 몇 장을 붙여주는 것이다. 아이의 꿈이 노벨상을 받는 것이라면 노벨상을 받은 사람의 사진을 붙이게 한다. 아이가 노벨상 받을 때의 감격을 느끼게 한다. 노벨상을 받은 후 세계 각국을 다니면서 강연하는 모습을 떠올리게 해보라. 아이가 책상 앞에 자기 꿈을 쓸 수 있도록 도우라. 아이가 매일 그것을 눈으로 확인하고 생각할 수 있도록 하라. 아침에 에너지를 재충전하면 아이는 이 힘으로 하루를 힘차게 살아간다. 아침마다 꿈을 되새기는 일은 정신적인 비타민을 먹는 것과 같다.

이 방법은 아이들뿐 아니라 성인에게도 매우 유효하다. 미래의 꿈과 오늘의 목표를 분명히 하면 몸과 마음은 이에 긍정적으로 반응한다.

목표를
지향하자

올바른 목표를 갖고 내가 아는 최상의 방법으로 그것을 추구하면
모든 것이 그에 맞춰 움직인다.

목표란 무엇인가

긍정적인 사람은 항상 좋은 목표를 갖고 거기에 도전한다. 목표는 인생의 중심을 잡아주는 수단이다. 우리는 목표라는 말을 자주 사용하지만 그 개념을 확실히 아는 사람은 적다. 내가 좋아하는 목표의 정의는 '목표란 미래에 달성할 바람직한 결과'다. 다음과 같은 정의도 있다.

"목표란 미래 모습을 그린 영상이나 그림이다."
"목표란 달성할 수 있는 미래의 사건이다."
"목표란 측정할 수 있는 미래의 사건이다."

이처럼 목표는 시간적으로 발생할 날짜, 효과를 발휘할 시기가 정해져 있고 성취될 사건이어야 한다. 즉 발생할 사실을 분명히 알 수 있어서 그것이 미래의 사건으로 될 수 있는 것이어야 한다. 그런데 우리가 진행도를 측정할 수 있는 미래의 사건, 즉 목표는 상황에 따라 변경되거나 수정될 수 있다. 지금 아는 건 우리가 성취할 목표를 확신하는 일이다. 목표의 예를 한 가지 든다. 2017년 9월 20일 KBS 1TV 뉴스 내용이다.

영국의 한 사이클 선수가 79일 만에 자전거로 세계일주를 했다. 수많은 어려움과 고통이 있었지만 자신과 싸움에서 이기겠다는 집념이 만든 승리였다. 광활한 초원의 도로 위를 자전거로 달리는 영국인 마크 보몬트 씨!

산림이 울창한 산길에서도, 만년설이 보이는 호숫가 도로의 절경 앞에서도 페달을 멈추지 않는다. 자전거 세계일주 기록을 경신하기 위해서다. 기존의 기록은 2015년 세워진 123일. 하지만 《80일간의 세계일주》라는 고전소설에 영감을 받아 80일이 그의 목표가 됐다.

"기존 기록인 123일을 생각하면서도 월등히 경신하고 싶은 것이 꿈이었죠."

7월 2일 파리를 출발해 유럽, 러시아, 몽골, 중국, 미국 등 약 2만 9,000킬로미터를 자전거로 완주했다. 비바람 등 기상악화 속에서도 하루 4시간씩만 자는 강행군을 하다보니 한계에 다다르기도 했다.

하지만 스스로 정한 목표는 반드시 이뤄낸다는 강한 신념 속에 마침내 79일 만에 세계일주를 마치며 세계신기록을 세웠다.

그의 목표는 '80일 안에 자전거로 세계일주를 한다'였다. 구체적이고 분명한 목표다. 그는 약 2만 9,000킬로미터를 자전거로 완주했다. 그것도 목표보다 하루 앞당겨 이뤘다. 그뿐만 아니라 자전거 세계일주 신기록이라는 목표도 달성했다.

인생과 목표

모든 운동선수에게는 목표가 있다. 우승이나 금메달 또는 기록 경신이다. 인생도 목표를 세우고 달성해가는 경주자와 흡사하다. 목표를 세우는 것은 대단히 중요한 일이다. 인간은 본래 무언가 목표를 추구하도록 창조된 존재이기 때문이다. 우리 뇌는 목표를 설정해야 편안하게 느끼도록 만들어져 있다.

목표가 없으면 우리는 방향을 잃고 표류한다. 그러나 목표가 있으면 움직인다. 인간의 잠재의식은 목표를 추구한다. 무언가에 집중하면 그것을 향해 움직인다. 내가 지금 이 글을 쓰는데 목표가 있으니 글이 잘 써진다. 원고를 언제까지 마감해야 한다는 목표 말이다. 긍정적인 사람들은 대체로 목표지향적이다. 무슨 일을 시작하면 목표부터 설정한다. 목표의 힘을 알기 때문이다.

목표는 우리에게 다양한 유익을 제공한다.

목표는 목적의식과 집중력, 방향을 제시한다. 특히 힘을 집중하여 어려운 일도 성취하게 한다.

목표는 열정과 에너지를 제공한다.

목표가 있기에 시간과 삶의 의미가 다시 살아난다.

목표는 신념을 강화한다. 과정의 장애물이나 돌발상황을 통제하는 힘을 준다.

목표는 성취하는 기쁨을 주고 심신을 건강하게 한다. 스트레스와 열등감도 줄여준다.

목표는 올바른 방향으로 인도하는 나침반이고, 원하는 곳에 얼마나 가까이 다가갔는지 점검하기 좋은 바로미터다. 목표가 목표지점에 가까운지 혹은 목표에서 벗어났는지 알게 해준다. 목표를 달성하지 못해도 얻는 것이 있다. 실패를 배운다. 그것은 우리의 귀중한 자산이 된다.

【노벨상 수상자의 특징】

- 가장 좋아하고 잘하는 일을 한다. 목표설정의 관점에서 보면 아주 매력적인 목표를 갖고 있다.
- 이것저것 손대기보다 한 가지에 정성을 기울여 뚜렷한 결과를 낸다. 단기 목표, 작은 목표를 세우고 하나씩 충실히 달성한다.

- 차츰 더 높은 목표를 세우고 달성한다.
- 무한한 끈기가 있다. 불가능해보여도 끝까지 해낸다.
- 에세이를 잘 쓴다. 자신이 성취하는 일을 글로 자세히 표현하는 능력이 있다.

목표설정 요령

목표 없이 사는 사람이 많다. 어떻게 살지 고민하지만 구체적인 목표 없이 매일 적당히 산다. 그러면 어떤 일도 이루지 못한다. 정력이 분산되고 시간은 날아가며 자원은 낭비된다. 열정이 없기에 권태롭고 허무하며 삶에서 만나는 여러 폭풍우를 못 견딘다. 그러나 목표를 세우면 벼랑 끝에서도 살길이 보인다.

목표를 설정하지 않는 이유가 무엇일까? 목표의 중요성을 모르거나 목표를 세우는 방법을 모르기 때문이다. 목표를 달성한 경험이 없어 무력감에 젖거나 실패를 두려워할 때도 목표를 쉽게 세우지 못한다.

어떤 사람은 목표 없이 살아가는 것이 마음 편하다고 한다. 하지만 목표를 설정할 때 마음이 훨씬 편하다. 목표가 있어야 성취감도 생기고 삶의 의미도 발견한다. 그래서 어떤 목표든지 우선 설정하는 것이 중요하다. 작게는 하루, 크게는 1년, 5년, 10년 목표를 세워야 한다.

돈 버는 일, 지위 향상, 자격증 취득, 살빼기, 빚 갚기 등 수많은 목표가 있다. 목표는 좀 대범하게 세울 필요가 있다. 그래야 자신의 잠재력을 최대한 발휘하고 그것을 이루었을 때 성취감과 자신감이 더 크다.

목표설정은 요령만 알면 어렵지 않다. 자신에게 가장 적합하고 매력적인 목표를 세우면 인생 전체가 바뀔 수도 있다. 목표가 당신 인생을 이끈다. 목표를 설정하고 기록하며 세부 목표를 머릿속에 정리하면 무의식이 작용한다. 임마누엘 칸트(Immanuel Kant)는 이런 말을 했다. "당신은 이 일을 성취할 것이다. 왜냐하면 성취하지 않으면 안 되니까." 이것은 목표설정에도 딱 들어맞는 말이다. 자신이 꼭 성취해야 할 목표를 구상하라.

목표의 생명은 명확성에 있다. 목표가 애매하면 실행하기 어렵다. 명확한 목표는 다음 세 가지 요건이 충족되어야 한다. 이것이 명확하고 현실적인 목표다.

첫째, 최종 결과
둘째, 마감일
셋째, 마감일 안에 달성하는 현실성

'하루 만보 걷기'라는 목표는 어떤가? 건강하면 가능한 목표라고 생각한다.

'3개월에 체중 3킬로그램 줄이기'는 또 어떤가? 누구나 할 수 있는 목표라고 생각한다.

'일주일에 책 한 권 읽기'는 어떤가? 관심만 있으면 어떤 사람이든 가능한 목표다.

'75세 할머니가 지금 피아노를 배워 10년 안에 피아니스트가 된다'는 어떤가? 비현실적인 목표다.

'65세 할아버지가 지금 한의학을 공부하여 10년 안에 한의사 개업을 한다'는 어떤가? 거의 불가능한 목표다.

'증권 투자로 1년에 10억 원을 번다'는 어떤가? 보통 사람에게는 불가능한 목표다.

목표 설정은 끝이 없는 과정이다. 시간 흐름에 따라 설정해야 할 목표도 달라진다. 현실에 맞지 않는 목표는 과감히 버려라.

하루 목표를 다섯 개 내지 일곱 개 설정하라

아무리 바빠도 목표를 세운 다음 실행하는 것이 효과적이고 효율적이다. 하루 목표를 충실하게 세워서 실천한다면 하루가 충실해진다. 이것은 주간이나 월간, 연간, 일생에도 해당하는 원리다. 일생은 목표로 구성되어 있다.

전날 일과 끝난 직후나 오늘 일과 시작 전, 오늘 완성해야 할 목표 다섯 개 내지 일곱 개를 만들라. 그중에서 우선순위를 정해 번호를 매겨라. 중요한 순서대로 하나씩 실행하라. 한 가지를 마친 뒤 다른 것을 시작하라. 이렇게 매일 실천한다면 하루를 충실하게 보낼 수 있다.

목표를 효과적으로 달성하는 방안

• 목표에 잘 도달하려면 우선 계획을 현실적으로 짜야 한다. 목표는 최종 목적지다. 최종 목적지에 도착하려면 여러 가지 수단이 필요하다. 서울에서 사는 사람이 부산으로 여행한다고 해보자. 최종 목적지는 부산이다. 거기에 가려면 열차를 이용하는 방법이 있다. 열차에도 종류가 많다. KTX부터 완행열차에 이르기까지 다양하다. 고속버스를 이용하는 방법도 있다. 자가용으로 가는 방법도 있다. 항공편으로 가는 방법도 있다. 각자 형편과 기호에 맞춰 교통수단을 선택하는 것이 좋다.

언제 갔다가 언제 오느냐를 결정해야 한다. 공무라면 날짜와 시간 선정에 융통성이 적다. 하지만 개인 일로 간다면 융통성을 최대로 발휘할 수 있다. 필요경비를 생각하지 않을 수 없다. 예산을 마련해야 한다. 혼자 가는지 여럿이 가는지도 고려해야 한다. 이런 것들을 종합적으로 고려해서 계획을 짜야 한다.

• 큰 목표는 작은 목표로 나누어야 달성하기 쉽다. 큰 고기를 한입에 넣을 수 없다. 한입에 넣을 수 있도록 잘게 썰어야 한다. 분량이 많은 책도 적당한 크기로 나누어 집필하면 어렵지 않게 완성할 수 있다. 방대한 프로젝트도 실행할 수 있을 정도로 작게 나누어야

실행이 가능하다. 이렇게 큰 것을 잘 나눈다면 어떤 큰일도 성취해 나갈 수 있다.

• 처음부터 욕심을 내지 말고 작게 시작하고 천천히 움직여라. 등산하는 요령과 마찬가지다.

• 목표를 이루었을 때 상태와 보상을 상상해보고 즐거워하라. 미래를 미리 당겨보는 것이다.

• 체크리스트를 만들어 매일 혹은 매 주간 달성도를 점검하라. 달력과 스마트폰도 훌륭한 체크리스트 역할을 한다. 달력에 자기가 하는 일을 적어두고 가끔 쳐다보라. 그달, 그해 목표가 단계적으로 이루어지는 모습을 눈으로 확인할 수 있다.

• 모든 행동은 목표 달성과 직간접적으로 관계있어야 한다. 그 래야 낭비를 최소화할 수 있다.

버킷 리스트를 작성하라

버킷 리스트는 죽기 전에 완수하고 싶은 일의 목록을 적은 것이다. 이것을 작성하면 목표의식이 분명해져 앞으로 무엇을 할지를 잘 알게 된다. 버킷 리스트는 경험과 상황, 가치관에 따라 다양하다. 자기에게는 사소해도 다른 사람에게는 정말 중요한 일이 될 수도 있다.

【버킷 리스트의 예】

- 한국의 100대 명산 등산하기
- 부모님께 정기적으로 용돈 드리기
- 친구들과 유럽 여행하기
- 책 1권 출판하기
- 자전거로 시골길 여행하기
- 라이브 카페 운영하기
- 자유롭게 걷기(뇌출혈로 쓰러진 환자의 목표)
- 사회복지기관에 1,000만 원 기부하기
- 독서 모임 하기
- 아내, 자녀들과 함께 크루즈 여행하기

목표 없이 지내온 사람이 목표지향적인 사람이 되려면 많은 노력이 필요하다. 어릴 때부터 가정이나 학교에서 목표를 설정하는 방법을 가르치면 인생을 훨씬 수월하게 살아가게 할 수 있다. 목표지향적으로 살기 위한 가장 기본적인 훈련은 매사를 명확하게 하는 연습이다. 목표의 생명은 명확성이다.

사람들을 살펴보면 대개 두 종류로 나눌 수 있다. 하나는 추상적이고 감상적인 사람이고 또 하나는 구체적이고 현실적인 사람이다. 그런데 후자가 훨씬 더 효율적이다. 전자는 뜬구름을 잡으려는 것과 같이 공허한 삶을 산다. 후자가 경제적으로도 훨씬 여유롭게 산다.

우리가 일상생활을 할 때 구체적으로 생각하고 말하며 행동해야 한다. 구체적으로 선택하지 않는다면 임의로 만들어지는 상황에 자신을 맡기게 된다. 우리 삶에는 구체적인 것이 필요하다. 뚜렷하게 알고 행동하면 매사가 편안해진다. 모호한 것은 아무리 사소한 말이나 행동이라 할지라도 초조하고 불안하다. "애매함은 거짓말의 사촌이다"라는 말이 있다.

가장 흔한 거짓말이 무엇인지 아는가? 오랜만에 만난 친구들이 "우리 밥 한번 먹자"라고 하는 말과 "한번 놀러와"라는 말이라고 한다. 이 말들이 거짓말이 되지 않으려면 어떻게 해야 할까? 아주 간단하다. 만날 장소와 날짜만 정하면 된다. 아니면 아주 간단하게 "올해가 가기 전에 만나서 밥 한번 먹자"라고 한다. 시일만 분명히 정해져도 행동을 구체적으로 할 수 있다.

"자녀를 대학에 보내려면 돈이 아주 많이 필요해요"라는 말을 생각해보자. '아주 많이'라는 말은 모호하기 짝이 없다. "한 학기에 최소한 500만 원이 필요해요"라고 말한다면 어느 정도 생각이 편해진다. 정복할 구체적 목표가 생기기 때문에 막연히 안달할 필요가 없다.

한 청년이 '좋은 직업이 있다면', '결혼을 잘할 수 있다면', '속히 내 집을 살 수 있다면'이라고 말한다면 명확한 목표를 세워야 한다. 직장에서 흔히 상사가 후배직원에게 "알아서 하라"라고 한다. 원래 이 말이 더 무섭다. 세밀하게 지시하는 상사가 훌륭한 상사다.

10대 자녀들이 친구 집에 가서 놀다 온다고 한다. 어머니가 "일찍 들어오너라"라고 말한다면 애매한 지시다. "늦어도 10시까지는 집에 와라"라고 해야 분명하다. 여럿이 음식점에 가서 음식을 주문할 때나 여행지를 선택할 때, 비행기표를 살 때 '아무거나'라고 말한다면 우유부단하거나 자신감이 없어 보인다. 생각과 말과 행동을 구체적으로 한다면 더 명쾌하고 평화롭게 살아간다.

말투를 보면 그 사람의 성격이 보인다. '아마도', '글쎄', '그럴걸', '그냥' 같은 말들을 자주 사용한다면 '나약하다', '우유부단하다', '결단력이 부족해보인다'는 인상을 준다. 감정을 명확하게 표현해야 상대방이 신뢰한다. 일반적으로 동양인은 서양인에 비해 생각과 행동이 추상적이다. 그래서 미래를 불안해하며 시간과 물질과 정력을 낭비하는 경향이 있다.

한 대학교수가 중고등학생을 상대로 교양강의를 했다. 강의시간에게 그 교수는 학생들에게 "제일 불안한 것이 무엇이냐?"라고 질문했다. 한 여학생이 손을 들고 대답했다. "제일 불안한 것은 앞으로 무엇을 해야 할지 모른다는 것입니다." 그렇다. 모호해서 불안한 것이다.

무엇을 해야 할지 안다면 대부분 불안이 사라진다. 목표설정의 기술을 익혀보라. 안개가 걷히고 새로운 경치가 보이듯 삶도 명료해진다. 기결수보다 미결수가 불안을 더 많이 느낀다고 한다. 미결수는 앞으로 판결이 어떻게 날지 모르기 때문에 불안하다.

그런데 구체적으로 표현해서는 안 될 경우가 있다. 기업이나 외교관이 협상할 때다. 이미 속을 상대방에게 다 보여준다면 협상에 매우 불리하다. 이때는 두루뭉술하고 모호할 필요가 있다. 그러나 대부분 명확한 태도가 효과적이다.

효과적으로
노력하자

○○◑

죄에는 벌이 오고 노력에는 보수가 온다.

효과적인 노력이 필요한 이유

무슨 일을 성취하려면 일정한 양의 노력이 필요하다. 하지만 무조건 노력을 많이 한다고 다 좋은 것은 아니다. 현명하게 노력해야 한다. 노력의 질이 양보다 중요하다. 방향이 잘못된 여행은 가면 갈수록 목적지와 멀어진다. 비생산적인 일을 열심히 할수록 손해는 점점 불어난다. 불합리한 사고방식에 맞춰 일하면 성공과는 점점 멀어지게 된다.

우리는 날마다 수많은 행동을 한다. 그 행동 가운데는 효과적인 것과 비효과적인 것이 섞여 있다. 우리는 할 수 있는 한 효과적인 행동을 추구해야 한다. 그러면 시간과 물질과 에너지를 가치 있게 쓸 수 있다. 만족감을 얻고 자신감도 향상된다. 크고 작은 목표를 이룰 수 있으며 꿈에 조금 더 가까이 갈 수 있다. 국민 각자가 좀 더 효과적인 행동을 한다면 국가가 더욱 발전할 수 있다.

사고방식을 바꿔야 변화가 일어난다. 발상과 관점을 조금만 바꿔도 업무 효과가 상당히 높아진다. 같은 시간과 에너지를 들인다면 효과적인 노력을 하는 것이 낫다. 하지만 효과적인 노력은 하기가 쉽지 않다. 기초부터 훈련하고 숙달되어야 한다.

다윗의 물맷돌

3,000년의 세월을 거슬러 유대광야로 시간여행을 해보자. 그러면 이스라엘의 영웅 다윗을 만날 수 있다.

다윗의 물맷돌 이야기는 매우 유명하다. 전쟁 직전 백성들이 적장 골리앗의 몸집에 기가 눌려 불안해했다. 다윗은 물맷돌 5개를 갖고 골리앗에게 다가가 한 개를 힘차게 던졌다. 그 돌이 골리앗의 이마에 적중했고 그는 쓰러졌다. 이 행동 하나가 이스라엘을 위기에서 건져냈다.

이 일은 우연이 아니다. 목동 다윗은 오랫동안 양을 치면서 물맷돌 던지기를 연습하고 훈련하여 숙달했다. 그런 노력 후에 역사는 그를 영웅시대의 주인공으로 등장시켰다. 그는 미래를 여는 문에 들어가기 위해 꾸준히 자기 역량을 넓혔다. 다윗은 물맷돌만 잘 던지는 사람이 아니었다. 위대한 장군이면서 탁월한 시인이었으며 뛰어난 수금 연주자였다. 나중에는 이스라엘 역사에서 가장 존경받는 왕이 되었다.

자신에게 질문해보자. "나에게 물맷돌이 있는가?" 다윗은 물맷돌 하나로 스타가 되었고 왕으로 가는 코스에 들어섰으며 결국 왕이 되었다.

골퍼에게 홀인원은 꿈의 대상이다. 홀인원 확률은 아마추어 골퍼의 경우 약 1/12000이며, 싱글 핸디는 1/5000, 프로 골퍼는 1/3500이라고 한다. 아마추어 골퍼라면 평생 한 번 할까 말까 할 정도다. 단 한 번의 샷에 공이 홀에 들어가는 건 매우 기분 좋은 일이다. 인생을 살아갈 때 홀인원과 같은 행운을 믿고 도전해보자.

축구에서 골인은 가장 효과적인 동작이다. 아무리 열심히 뛰어도 골을 못 넣는다면 효과가 없다. 2002년 한일월드컵에서 한국 축구팀이 이탈리아와 8강전을 치를 때 안정환 선수는 지옥과 천국을 동시에 경험했다. 전반전에서 페널티킥을 실축했을 때 어쩌면 그는 시간을 되돌리고 싶었을지도 모른다. 하지만 연장전 종료 2분 전 골을 터뜨렸을 때 그는 얼마나 기뻤을까? 그의 골인으로 한국축구팀은 8강에 진입했다.

야구에서 '적시안타', '만루홈런'은 승패를 좌우할 수 있는 효과적인 행동이다. 그런데 효과적인 행동은 운동경기 때만 빛나는 게 아니다. 평소 삶에서도 위대한 작용을 한다. 효과에 관해 설명하기 위해 내 경험 세 가지를 소개한다.

대학 때 나는 Y교수 과목 성적이 영 시원치 않았다. 그래서 답안지 작성하는 방법을 바꿔보았다. 즉 서론, 본론, 결론을 분명하게 구분해서 답안을 썼다. 그때부터 그 교수의 과목은 줄곧 90점을 받았다. 조금 다른 방식으로 답안지를 작성하면서 좋은 효과를 얻었다. '더 열심히'가 아니라 '조금 다른' 것이 낫다.

약 8년 전 한 출판사로부터 원고를 써달라는 청탁을 받았다. 나는 원고를 완성해서 출판사에 보냈다. 그런데 아무리 기다려도 책이 나오지 않았다. 답답해서 출판사로 전화했다. 편집부장이 전화를 받아 출판시장 사정이 좋지 않아 출간하지 못하겠다고 했다. 나는 그에게 그 말의 부당성을 주장했다. "내가 출판사에 부탁한 게 아니라 출판사에서 먼저 의뢰하지 않았습니까? 출판을 못 한다면 이것은 저자에 대한 예의가 아닙니다." 다음 날 출판사에서 연락이 왔다. 결국 그 책이 출간되었고 3년 전에는 초등학교 3학년 국어교과서에도 책 내용이 수록되었다. 자기주장을 올바로 하면 얻는 것이 많음을 깨달았다.

3년 전 숙모가 94세에 돌아가셨는데 내가 장례식을 집례하게 되었다. 영결식에서 유가족에게 무슨 말을 해야 할지 고민이었다. 평범한 할머니를 어떻게 설명해야 하나? 한참 생각하다 좋은 아이디어가 떠올랐다. 그 아이디어를 근거로 원고를 썼다.

고인은 94세까지 살면서 자기에 대한 책임, 남편에 대한 책임, 8남매 어머니로서 책임, 교회에 대한 책임을 잘 수행한 분이라고 실감나는 예를 들어 메시지를 전했다. 참석한 유가족이 시의적절한 말씀이었다며 매우 고마워했다. 효과 만점이었다.

효과적인 노력이란

효과적인 노력이란 다음과 같은 기준에 맞는 것이다.

자신의 가치, 비전, 목표, 계획과 일치하는 행동이다 아무리 크고 화려한 행동이라도 목표에서 벗어났다면 헛되다. 하지만 사소하거나 일상적인 행동이라도 목표에 맞는다면 효과적이다. 표적을 못 맞추는 사격, 경기 중 헛발질, 헛손질은 목표에서 벗어나는 행동이다. 좋은 성과로 이어지는 노력이 효과적이다. 만약 수년간 정성을 다해 과일나무를 키웠는데 열매가 없다면 비효과적이다.

목표는 올바른 방향을 정해준다. 목표에서 벗어난 모든 행동은 헛수고다. 하루를 마무리하면서 오늘 해야 했던 일과 실제로 한 일을 비교해서 점검해보라. 안 해도 되었을 일이 많았을 것이다. 계획에서 벗어난 행동은 효과적이지 않다.

우리는 하루에도 단조로운 일을 많이 한다. 그러나 그 사소한 행동을 비전과 연결하면 행동의 가치가 달라진다. 상상하지 못했던 노력을 기울이게 된다.

1961년에 미국 대통령 케네디가 인류를 달에 보내겠다는 꿈을 대대적으로 발표했고 많은 과학자와 연구원이 그 계획을 진행했다.

1969년 7월 20일 달 착륙이라는 인류의 꿈이 실현되었다. 그 프로젝트에 참여한 많은 이의 가슴에는 인류를 달에 보내는 꿈이 새겨져 있었다. 이 꿈이 그들의 가슴을 뛰게 만들었고 지칠 줄 모르는 노력을 하게 했다.

우리는 일상에 얽매이고 단기적 시각에서 벗어나지 못하기 때문에 쉽게 권태를 느끼고 지친다. 이것을 극복하려면 거대한 비전에 우리 행동을 붙잡아매야 한다.

우선순위를 정하고 그에 따라 행동하는 것이다 해야 할 일은 많고 시시때때로 몰려온다. 이때 손에 잡히는 대로 행동해서는 안 된다. 올바른 선택과 집중이 필요하다. 이것은 모든 일에 매우 중요한 출발점이다. 큰 이익을 얻는 항목에 집중하고, 내가 꼭 해야 하는 일을 해야 한다. 필수적인 것과 선택적인 것을 구분하고, 내가 할 일과 다른 사람에게 위임할 일을 선별해야 한다.

잡무 처리에 시달리는 것은 비효율적이고 시간을 낭비하는 일이다. 다른 사람이 잡무를 대신하게 하면 시간을 많이 번다. 우선순위가 높은 일에 초점을 맞춰라.

사람마다 우선순위는 다르겠지만 공통적인 문제는 그 우선순위에 따라 살지 않는 것이다. 그렇기 때문에 매일 중요한 몇 가지 목표에 집중하면서 행복과 업무능률을 향상할 필요가 있다. 인생에 가치를 더하지 못하는 활동은 목록에서 지워라. 불필요한 일을 버리는 것이 좋은 활동을 채워넣는 것보다 삶을 더 풍요롭게 만든다.

시의적절한 행동이다 타이밍, 완벽한 시간, 기회와 일치하는 행동이 효과적이다. 올바른 일을 제때 하면 계산할 수 없을 만큼 효과가 크다.

소설가 빅토르 위고(Victor Hugo)는 말했다. "제때를 맞이한 아이디어보다 더 강력한 것은 없다." 많은 사람이 사업을 시작할 때 적절한 시기를 고려하지 않아 패배의 쓴잔을 마신다. 시대 흐름을 따르지 않아 몰락한 기업도 많다. 트렌드를 읽으면서 자기 아이디어를 개발해야 한다. 기회를 포착하고 놓치지 않아야 타이밍을 잡을 수 있다.

상황에 맞게 일해야 한다. 아무리 그럴듯한 일도 시기가 안 맞으면 악덕이 된다. 이런 예를 주위에서 자주 본다.

최적화하는 것이다 나의 능력과 처지에 맞게 행동하는 것이다. 한국인은 1등을 좋아한다. 그러나 이런 완벽주의는 패배의식을 심는다. 우리는 다만 최적의 삶을 살면 된다. 그러면 긴장에서 해방되어 마음이 편안해진다.

남의 행위를 무조건 모방해서는 안 된다. 큰 행운이 갑자기 찾아와도 경솔하게 뛰어들지 말라. 그것이 나에게 독이 될 수 있음을 알아야 한다.

삶의 기본 원리는 중용을 지키는 것이다. 자기 분수에 지나치지 않고 부족하지도 않은 중간의 길을 걷는 일이다. 이렇게 되어야 사물을 잘 다스린다. 대부분 사람들의 행동을 살펴보면 과하거나 부족하다. 인간은 극단에 치우치기 쉬운 존재다.

수면은 건강에 절대적 요인이다. 하지만 하루에 8시간 이상 자면 오히려 건강에 해롭다. 하루에 3시간 자는 것도 해롭다. 하루에 7~8시간이 가장 좋다.

도로를 보면 대부분 차량은 과속 질주한다. 속력을 줄여 천천히 간다면 사고위험과 연료비가 줄어든다. 어떤 차는 너무 느리게 운전하여 다른 차의 진로를 방해한다. 적정속도를 지키면 안전하고 기분도 좋다.

수입 안에서 지출해야 하는데 과소비하다 평생 빚에 시달리는 사람도 많다. 중용, 즉 자신이 다스릴 수 있는 한계에서 벗어난 것이다. 수입보다 지출이 많으면 빚이 늘어난다.

사랑도, 욕망도 지나치면 화를 입는다. 뭔가에 푹 빠지면 이성과 합리는 설 땅이 사라진다. 오로지 목표를 향해 달려가려는 조급함만 가득하다. 조급함은 집착을, 집착은 배타심을 낳고, 배타심은 종종 공격성으로 나타난다. 우리가 살면서 한쪽으로 치우치지 않고 균형을 유지하면 행복하다.

모든 일에 적절한 시간과 물질과 에너지를 투자해야 한다. 일하는 시간과 쉬는 시간을 골고루 배치해야 한다. 열심히 노력하는 것은 존경할 일이다. 그러나 지쳐 쓰러져 몸에 이상이 생길 때까지 자신을 밀어붙이는 것은 어리석다. 균형도 습관이다. 하루하루를 균형 잡힌 습관으로 채운다면 주변 환경도 그에 맞추어 잘 움직인다.

살아가는 동안에 일과 휴식, 상사와 부하, 개인과 사회, 이상과 현실, 가정과 회사, 즐거움과 괴로움, 칭찬과 꾸중, 나이와 체력, 일과 취미, 재능과 노력 등의 영역에서 균형을 이룬다면 가장 이상적인 삶의 형태라고 할 수 있다.

모든 일을 잘 조직하는 것이다 조직화 작업은 효율성 향상에 효과적이다. 조직화는 매일 시간표를 짜거나 정리정돈하는 일, 팀을 구성하는 일에 이르기까지 다양한 형태로 나타난다. 조직화하지 않으면 모든 일이 방치되고 무질서해진다. 구슬이 서 말이라도 꿰어야 보배다.

과제를 미리 파악하여 성과를 극대화할 방법을 찾는 것이 효율적이다. 자신에게 가장 잘 맞는 방법을 찾기 위해 투자하는 시간을 아까워하지 마라. 체계적 사고가 중요하다. 그런 사고를 익히기 위해 더 많은 시간을 써야 질적으로 만족도가 높은 삶을 산다.

삶에도 다이어트가 필요하다. 쓸데없는 일은 잘라라. 많은 사람이 업무를 조직화하거나 조직화한 상태로 일하는 것을 어렵게 생각한다. 그러나 단순화 요령만 알면 의외로 쉽다.

시간표를 잘 짜는 일은 시간을 조직하는 것이다. 이렇게 하면 시간을 많이 번다. 일과표, 주간계획표, 1개월 계획표, 1년 계획표를 잘 짜면 계획한 목표를 그 기간에 효과적으로 달성하고 시간낭비를 막을 수 있다.

단순히 기록만 해도 일을 조직화·단순화할 수 있다. 아이디어가 떠오르면 반드시 메모하라. 아이디어도 생각을 한 줄로 나란히 세우고 정리해야 머리 밖으로 빠져나온다. 자신에게 유용한 자료를 컴퓨터에 잘 저장하라. 그리고 필요할 때 꺼내 써라.

메시지를 전할 때 내용을 논리적으로 구성하면 효과적이다. 이것도 조직화의 한 기술이다. 받은 메일함은 '필수사항'과 '선택사항'이라는 두 가지 폴더로만 조직하면 된다. 비슷한 작업을 모아 한꺼번에 하면 좋다. 일하는 시간을 미리 정하면 시간을 상당히 번다. 이메일을 처리하는 시간대, 아내와 대화하는 시간대 그리고 정기적으로 할 일의 시간대를 미리 정하면 시간도 절약되고 마음의 부담도 덜게 된다.

하지만 주의할 것이 있다. 너무 많은 상자와 조직화 시스템은 시스템을 거치는 과정 자체를 일거리로 만든다. 그러니 인생을 너무 복잡하게 만들지 마라. 모든 일을 단순하게 만드는 기술을 배워라. 이것도 조직의 한 부분이다.

효과적으로 거절하는 것이다 가장 효과적인 단어는 적절한 시기에 '아니요'를 말하는 것이다. 많은 일 가운데 어떤 것은 안 하는 게 유익하다. 지혜로운 사람은 하지 말아야 할 일을 안 하고 불필요한 일은 끊임없이 없앤다. 무엇을 버려야 할지 아는 사람이 훌륭하다. 삶이 불안정하면 능력을 100% 발휘하지 못하고 삶을 즐길 수 없다. 내가 손을 놓아도 되는 일이 무엇인지 스스로에게 물으라. 그동안 무익한 일과 의미 없는 걱정거리를 너무 많이 끌어안고 살아왔음을 깨닫게 될 것이다.

성공하지 못할 듯한 일에 몰입하는 사람을 종종 본다. 심각한 징후가 눈앞에 나타났는데도 무시하며 돌진하는 것은 시간과 에너지만 낭비하는 일이다. 물론 시작한 일을 쉽게 포기하는 것도 경솔한 행동이다. 하지만 포기한 결과가 더 좋은 경우도 많다. 포기의 개념을 다르게 바꾸면 '새로운 기회와 발판을 찾는 일'이다. 다른 쪽에 가능성이 보이면 포기하는 것도 능력이다. 실패했다고 주저앉아 울거나 만회하기 위해 전전긍긍할 필요가 없다. 바로 거기에 당신을 다시 앞으로 나아가게 할 새로운 사업이 숨어 있다. 사람들은 그동안 매달렸던 일이 실패로 돌아가면 그곳에 기회가 있다는 사실을 잊는다. 그러나 성공하는 사람들은 어느 상황에서도 기회를 엿본다는 사실을 기억하자.

좋은 습관을 익히는 행동이다 습관이란 '일상적으로 굳어진 행동 또는 방법'이다. 노력을 반복하면 높은 성과를 내는 좋은 습관을 자연스럽게 익힐 수 있다. 야구나 골프를 할 때 성과를 내는 폼을 익히면 효과적이다. 좋은 습관을 기르면 성공 패턴이 점점 늘어나 일의 효율이 높아진다. 또 자기 경험 외에도 뛰어난 실적을 쌓는 사람의 행동양식을 배우고 모방하면서 성공패턴을 더 늘릴 수 있다. 좋은 습관을 몸에 익히면 효과적인 행동으로 이어진다. 좋은 습관을 기르는 일은 어렵지만, 조금만 개선하면 그 효과는 크고 영원하다.

자신이 꼭 길러야 할 좋은 습관의 리스트를 작성해보라. 미소, 경청, 인사, 긍정적 생각, 활기찬 행동, 작은 일에도 성의를 다하는 것, 상대방 입장에서 생각하는 일, 마음을 늘 평안하게 다독이는 일은 좋은 습관이다.

당신의 습관이 결국 인생에서 성공 수준을 결정한다. 성공한 사람들이 보통 사람보다 반드시 더 뛰어난 능력을 갖춘 것은 아니다. 다만 이들은 더 많이 노력하고 연습하며 준비하는 습관을 지녔을 뿐이다.

부자들의 습관

마하트마 간디(Mahatma Gandhi)는 "행동이 습관이 되고 습관이 가치가 되며 가치가 운명이 된다"라는 말을 남겼다. 사소한 행동을 반복하면 습관이 되고 어떤 습관을 갖느냐가 가치를 결정해 운명을 만든다. 우리가 지금 사는 모습은 우리가 매일 또는 정기적으로 반복한 행동의 결과다. 이 때문에 우리는 성공한 사람들이 어떤 습관을 갖고 있는지 주목할 필요가 있다.

톰 콜리는《부자 습관 : 부자들이 매일 하는 성공 습관》이란 책을 냈다. 그는 5년간 부자 233명과 가난한 사람 128명을 관찰하여 책을 썼다. 그는 부유하거나 가난해지는 원인이 일상적인 습관에 달려 있다고 주장했다.

부자는 다음과 같은 습관이 있다고 한다.

첫째, 평균 하루에 30분, 일주일에 4번 운동한다.

둘째, 인맥관리를 잘한다. 부자는 인맥을 돈이라고 믿어 자기에게 긍정적인 영향을 미친 사람의 명단을 작성하고 그들과 정기적으로 교류한다.

셋째, 목표관리의 달인이다. 분명한 재무목표를 설정한 뒤 항상 목표를 염두에 두고 머리에 그리면서 자신과 사업을 성장시켰다.

넷째, 최고 수준의 성공을 이룬 CEO들은 책을 1년에 평균 60권 읽는다. 반면 미국의 일반 근로자들은 1년에 평균 1권을 읽는다. 성공한 CEO와 일반 근로자의 연봉 차는 약 319배다.

다섯째, 자기 확신이 강하다. 건전한 확신은 성취에 큰 영향을 미친다. 부자는 자기 확신을 매일 반복하면서 사업 성장에 필요한 결정과 행동을 한다.

부자가 되기 위해서는 부자 마인드를 가져야 한다. 부자 마인드는 어떤 것인가?

• 돈에 대해 잘 안다.

- 일을 좋아한다.

- 더 적은 시간으로 많은 것을 이루는 방법을 안다.

- 인간관계의 중요성을 잘 이해한다.

- 모든 일에 긍정적이고 낙관적이다.

- 세상에 공짜는 없다고 생각한다.

- 사소한 일에 강하다.

- 늘 미래지향적이다.

인생에도 오답노트가 필요하다

학생들이 성적을 올리려면 평소에 오답노트를 기록하는 것이 좋다. 아는 것을 반복할 필요는 없고 틀린 문제와 평소 이해가 안 되던 문제나 개념을 체크하고 정리하면 약점을 알게 되고 실력이 향상된다.

인생에도 오답노트가 필요하다. 소는 지난번에 빠진 구덩이에 다시 빠지지 않는다. 그런데 인간은 같은 실수를 반복한다. 실수를 안 할 수는 없지만 한 번 했던 실수는 되풀이하지 않도록 평소에 주의를 기울여야 한다.

인생에는 성공노트가 필요하다. 그것이 자기의 이력, 스펙, 브랜드를 형성하고 자존감도 높인다. 하지만 오답노트도 있어야 한다. 인간은 불완전한 존재여서 말, 행동, 생각, 태도에 오답이 많기 때문이다. 사람은 최선을 다해도 실패하고 후회한다. 하지만 오답노트를 꾸준히 작성하다보면 점점 완전한 경지에 이르게 된다. 성공한 경험이든 실패한 경험이든 나름대로 가치가 있다.

실패한 일, 계획대로 되지 않은 일, 남한테 충고나 꾸중이나 비난을 받은 일, 인간관계의 갈등은 모두 오답노트에 기록할 내용이다. 매일 반성일기를 쓰는 것도 오답노트다. 위인들의 실패 경험도 나의 오답노트로 활용할 수 있다.

기초부터 착실히

우리에게는 자기 수양이 필요하다. 가정에서 방치하고 학교에서 윤리교육을 못 하며 사회에서 기강이 흐트러지면 절제하지 못하는 습성이 생긴다. 강한 사람은 끊임없이 내면을 수양한다. 마음을 다스리면 아는 것을 실천하게 되고 타성과 습관의 굴레에서 벗어나 참된 자유인이 된다.

극기 훈련은 아주 어릴 때부터 어렵고 자잘한 일들을 받아들이면서 시작해야 한다. 작은 것부터 시작하여 큰 것에 이르도록 꾸준히 수양하여 극기가 성품의 일부가 되게 해야 한다. 그러면 큰일 앞에서도 이성을 잃지 않게 된다.

경주에서 있었던 일이다. 한 광장에 일본 초등학생 관광단과 한국 초등학생 관광단이 이웃하여 앉았다. 일본 학생들은 줄을 지키며 조용히 앉아 있는데, 한국 학생들은 일어나서 어머니가 정성들여 싸준 도시락의 김밥을 던지며 장난쳤다. 앉은 자리에 김밥이 흩어져 쌓였다. 일본 학생이 자기 선생님에게 물었다.

"저 애들이 왜 저래요? 도시락으로 싸온 김밥을 저렇게 던지고 놀면 어쩌나요?"

일본 선생님은 한국인 인솔자가 일본어를 못 알아듣는다고 생각하고 말했다.

"응, 조선 사람들은 얼마 전까지 우리 종이었어. 지금 저러니 언젠가 다시 우리 종이 되겠구나. 저 애들이 우리 종이 된다 생각하고 그냥 봐."

한국 학생들이 먼저 갔다. 김밥이 곳곳에 흩어져 있었다. 아픈 마음으로 이 모습을 지켜본 한국인 선생님이 새삼스레 다짐하였다.

'선생의 자리가 이래서 중요하구나. 선생은 맡겨진 학생들을 기초부터 훈련해야 하는 사명자다!'

이런 마음으로 반 학생들에게 살아가는 도리의 기초부터 훈련하는 일에 전심전력을 다하였다. 그 선생님은 지금도 그 일을 계속한다. 모든 교사나 부모가 이런 마음으로 가르치면 어린이들이 기본에 충실하고 지혜로운 사람으로 자라리라 생각한다.

후회하지 않는 인생을 만들라

하버드케네디스쿨 강의교수인 스티브 자딩(Steve Jarding)은 종종 학생들에게 이렇게 말한다. "인생에서 가장 비참한 게 뭘 줄 아나? 질병도, 이혼도, 파산도 아니다. 물론 그것들도 다 견디기 힘든 일이기는 하다. 하지만 가장 딱한 일은 여러분이 죽을 때가 되어 인생을 돌이켜봤을 때 '나에게 재능이 참 많았는데 그걸 제대로 활용하지 못했구나!'라고 후회가 드는 것이다. '나의 잠재력을 발휘하지 못했구나. 세상에 기여한 것보다 받고 가는 게 더 많구나'라는 '미련'과 '후회' 말이다."

후회하는 이유는 크게 두 가지다. 하나는 해야 할 일을 하지 않은 데서 오는 후회요, 다른 하나는 해서는 안 될 일을 해서 오는 후회다.

아무리 빨라도 늦은 것이 후회라고 한다. 그러나 어릴 때 후회가 늙어서 하는 후회보다 낫다. 젊은 시절에는 재기할 수 있지만 노년에는 후회해도 인생을 되돌리지 못한다.

위대한 선각자 벤저민 프랭클린(Benjamin Franklin)은 여덟 살 때 모은 돈을 다 털어 호루라기 하나를 사고 곧 후회하였다. 가치 없는 일에 너무 많은 돈을 썼기 때문이다. 다음부터는 가치 있는 일에만 돈을 지불하겠다고 결심하고 일생 동안 지켰다.

자신의 사소한 행동을 매일 점검하는 노력이 필요하다. 이런 노력이 후회 없는 인생을 만든다.

시간에 대한
바른 태도

○○◑

하루하루를 마지막 날인 듯이 보내야 한다.

올바른 시간의식을 가져라

긍정주의자는 부정주의자보다 더 건전한 시간의식을 가지고 있다. 그는 시간의 가치를 잘 안다. 긍정주의자는 "5분이나 남았다"라고 말하고 부정주의자는 "5분밖에 안 남았다"라고 말한다. 시간을 사용하는 방식에서도 당연히 차이가 날 수밖에 없다.

시간은 우리가 소유하고 있는 가장 귀한 자원이다. 어떤 면에서 시간은 우리가 소유하고 있는 모든 것이라고 할 수 있다. 우리에게 시간이 없다면 다른 것은 모두 무용하고 무의미하기 때문이다. 시간에 대해 올바른 의식을 갖는 것이 시간을 관리하는 첫걸음이다.

시간에는 다음과 같은 특질이 있다.

시간은 신비하다. 시간은 귀하다. 시간은 기회를 품고 있다. 시간은 곧 생명이다. 시간은 짧다. 시간은 일회적이다. 시간은 결산을 요구한다. 시간은 친구도 되고 적도 된다. 시간은 생명의 씨앗이 된다.

우리는 특별한 시간, 곧 때를 잘 알아야 한다. 때가 사물의 가치를 결정한다. 아무리 귀하고 값진 선물이라도 때를 넘긴 선물은 빛이 바랜다. 아무리 훌륭한 청사진이라도 때를 넘기면 가치가 없다. 아무리 값진 정보라도 때를 놓치면 무용지물이 된다. 시일이 지난 초대장, 유효기간이 지난 음식물과 약품은 모두 효력이 없다. 아무리 능력이 많아도 그 능력을 발휘할 때를 만나지 못하면 위인이 되지 못한다. 좋지 않은 시기에 사업을 시작하면 실패할 확률이 높다. 모든 것은 때가 맞아야 가치가 있다.

때를 분별하는 능력을 예민하게 기르는 것이 성공의 필수조건이다. 우리는 '타이밍'이라는 말을 많이 한다. 이 말은 호기(好機) 또는 적기(適期)라는 뜻이다. 매사에는 적절한 타이밍이 있다.

타이밍의 본질은 기회다. 타이밍을 잡으면 인생이 바뀐다. 절호의 타이밍을 한번만 낚는다 해도 인생을 바꿀 수 있다. 그만큼 타이밍은 막강한 힘을 지니고 있다. 타이밍에 무관심하면 평생 변화 없는 밋밋한 사람으로 살아갈 수밖에 없다. 건전한 시간의식을 갖는다면 이 세상을 더욱 풍요롭게 살아갈 수 있다.

과거에 대한 바른 태도

우리는 "과거를 잊으라"라거나 "과거를 청산하라"라는 말을 한다. 이는 맞는 말이지만 그리 쉬운 일은 아니다. 신중하게 다루어야 할 과거도 많다. 그러니 과거를 대하는 바른 태도를 정립할 필요가 있다.

잊고 깨끗이 청산해야 할 과거 과거는 과거로 파묻어버려야 한다. 과거 일로 장래 일까지 어둡게 해서는 안 된다. 과거의 실수, 원한, 열등감, 죄책감, 후회 등은 과감히 버려야 한다.

자신의 불운을 탓하는 것은 착각이다. 결혼생활을 20년 한 어느 주부는 자기가 결혼을 잘못했다며 자주 괴로워했다. 그녀는 "20년 전 친정 부모님 말씀을 들었어야 했는데 내 고집을 피워 이 사람과 결혼했어. 그렇지 않았다면 지금보다 나았을 텐데……"라고 입버릇처럼 말했다. 그녀는 과거를 청산하지 못하고 20년간 불행하게 살아온 것이다. 지나간 한 토막의 실수로 새로운 날들을 더럽혀서는 안 된다.

오늘을 사랑과 기쁨 속에서 살지 못한다면 그 이유를 살펴보아야 한다. 그 이유는 우울이라는 구름이 내 안의 사랑과 기쁨이라는 태양을 가리기 때문이다. 우울은 자신이 사물과 사람에게 잘 대처하지 못했기 때문에 생긴 과거의 산물이다. 우울이라는 구름을 과감히 걷어내야 한다.

어릴 때는 누구나 언행이 유치했다. 자기 과거를 되돌아보고 그 때 어리석었음을 웃음으로 넘겨야 한다. 그때의 자기를 용서하라. 그리고 백지상태에서 새롭게 출발해야 한다. 내일에 아무런 도움이 되지 않는 과거는 모두 쫓아버려라.

과거는 시간상으로 죽은 것이다. 이미 존재하지 않는다. 죽은 것을 가지고 이러쿵저러쿵하는 것은 무익하다. 과거는 죽은 것이니 그대로 포기하라.

여행 갈 때는 짐을 될 수 있는 한 가볍게 싸는 것이 좋다. 우리 인생의 여정에서도 짐 보따리가 가벼운 것이 좋다. 여행할 때 거추장스러운 짐 보따리를 질질 끌고 다니면 얼마나 괴롭겠는가. 과거라는 거추장스러운 마음의 짐을 지고 미래여행을 할 때도 그렇다. 마음의 짐을 완전히 없애버릴 수는 없지만 우리가 다스릴 정도로 최소화해야 한다.

숨겨진 마음의 상처를 치유하라. 칠판에 마음의 상처를 준 글자를 쓰고 지우개로 지운다는 상상만 해도 효과가 있다. 가장 다루기 어려운 것은 원통한 마음이다. 아홉 살 때 강간을 당한 어느 여자가 서른 살 때 과거에 자신을 추행했던 그 남자를 죽였다. 군인 시절에 군대의 한 선배에게 폭행당한 어느 남자가 제대 30년 후 그 선배를 폭행해서 죽였다. 과거를 청산하지 못한 사례들이다.

우리는 미래보다 과거를 보는 것에 익숙해져 있다. 긍정적이지 못하기 때문이다. 10년 이상 한국에서 활동하다 본국으로 돌아가는 한 외국인 기자에게 한국인의 단점을 알려달라고 한국 기자가 부탁했다. 그가 첫 번째 지적한 것은, 한국 사람들은 미래 지향적이지 못하고 과거 지향적이라는 점이었다. 한국인이 모이면 앞으로 설계와 계획 이야기는 없고 그저 군대 이야기, 지나간 정치사건 이야기, 과거의 동창 이야기 등으로 시간을 보낸다는 것이다.

오프라 윈프리도 어릴 때 강간을 당하고 사생아까지 낳았다. 그녀가 출세한 후 기자들은 그녀의 불우했던 과거를 들춰내려고 했다. 그때마다 그녀는 "그래서 어쨌다는 거야!"라고 기자들을 반박했다. 그녀는 과거를 잘 청산했기 때문에 위인이 될 수 있었다.

당신이 완전주의 성격이라면 과거를 후회하는 경우가 남들보다 많을 것이다. 성취와 기준 사이의 거리가 멀수록 고통 정도는 커진다. 자신의 기준을 대폭 낮추고 과거를 용서해야 한다. 그래야 마음이 편해진다.

잊지 말아야 할 과거 조지 고든 바이런(George Gordon Byron)은 "가장 뛰어난 예언자는 과거다"라고 말했다. 과거는 우리에게 많은 교훈을 준다. 인류가 이루어놓은 문화적 유산은 모두 과거의 산물이다. 우리의 경험과 이력과 추억도 모두 과거가 만들어놓은 것이다. 이런 것들을 잘 유지하고 활용할 필요가 있다. 이스라엘 민족은 조상이 이뤄놓은 전승을 매우 존중한다.

조지 산타야냐(George Santayana)는 "과거를 기억하지 않는 사람은 잘못을 되풀이할 수밖에 없다. 과거를 되돌아볼 수 없는 사람은 과거를 되풀이하는 운명을 가지고 있다"라고 말했다. 과거를 잊는 민족에게는 미래가 없다는 말이 있다. 그런데 우리 국민은 과거를 잘 잊는다. 임진왜란을 겪은 후 불과 37년 만에 병자호란을 맞지 않았는가. 이스라엘, 덴마크 같은 나라도 과거에 외부의 침략을 받은 적이 있다. 그런데 그들은 결코 과거를 잊지 않았다.

과거를 다스리는 비결은 잊어야 할 과거는 과감히 잊고, 잊지 말아야 할 과거는 상기하는 것이다.

미래에 대한 바른 태도

헨리 롱펠로(Henry Longfellow)는 "과거를 뒤돌아보지 말라. 현재를 믿으라. 그리고 씩씩하게 미래를 맞으라"라고 했고 에디슨은 "과거는 모두 잊었다. 나는 미래만 보고 있다"라고 했다. 또 앙리 베르그손(Henri Bergson)은 "무한한 가능성을 잉태한 미래에 대한 관념이 미래 자체보다 더 중요하다. 소유보다 희망에, 현실보다 꿈에 한층 더 많은 매력이 있다"라고 했다. 이는 모두 미래에 대한 명언이다.

예언, 비전, 꿈 같은 개념이 미래를 구성하는 요소다. 우리는 미래의 비전을 품어야 한다. 더 나은 미래, 품위 있는 인격, 아름다운 세계를 생각하면 생생한 활동력을 얻게 되고 꿈이 나를 사로잡아 행동하게 된다.

당신의 비전과 이상 그리고 생각에 따라 당신은 높이 올라가기도, 정지 상태에 머무르기도, 추락하기도 한다. 비전은 방향, 질서, 목표를 위한 열정을 탄생시킨다. 그것은 무목적, 혼돈, 무법을 추방한다. 비전은 모든 장애물을 극복하는 동력이 된다. 인생의 앞길이 흐리고 침침하고 답답한 것은 운명이 나쁘거나 앞에 가로놓인 장애물 때문이 아니라 우리 자신 속에 미래에 대한 명확한 환상과 뚜렷한 목표가 없기 때문이다.

일반적으로 학교 시절 우등생이 사회에서 우등생이 되려면 인생의 큰 그림이나 설계가 잘되어 있어야 한다. 학교에서 공부를 못한 사람이 출세하는 경우가 많은데 그들도 미래설계와 꿈이 잘 구성되어 있는 사람이다.

꿈이 있으면 희망과 목적의식도 분명해지고 신념도 확고하게 된다. 분명한 미래의식이 현재의 생각과 행동에 강한 영향을 미친다. 우리는 늘 미래의 자신을 그리며 산다. 미래에 살게 될 집, 거기서 행복해하는 미래를 상상하며 현재의 고통을 이겨낸다.

밤중에 바다에서 배가 조난을 당해 선체가 거센 물결에 이리저리 휩쓸리더라도 등대를 바라보아야 살길을 찾을 수 있다. 이와 마찬가지로 아무리 현실이 어렵다 할지라도 희망만은 똑바로 바라보아야 살길이 열린다.

많은 사람이 미래를 불안해한다. 그 이유는 미래에 무엇을 할지, 어디로 가야 할지 모르기 때문이다. 목표와 방향만 잘 설정해도 불안은 대부분 해소할 수 있다.

현재의 행복만 생각하며 미래를 무시해서는 안 된다. 보통 사람들은 현재의 행복을 위해 전 재산을 다 소비하지는 않는다. 미래가 걱정되기 때문이다. 적당히 쓰면서 더 나은 미래를 꿈꾸는 편이 오히려 행복하기 때문이다. 학생이 열심히 공부하는 것도, 직장인이 열심히 저축하는 것도 미래를 대비하고자 하는 것이다. 밝은 미래상이 현재 행복에 분명히 영향을 미치는 것이다.

현재에 대한 바른 태도

프랑스 작가 A. 주벨은 "무엇인가를 의논할 때에는 과거를, 무엇인가를 누릴 때에는 현재를, 무엇인가를 할 때에는 미래를 생각하라"라고 했다. 레프 톨스토이(Leo Tolstoy)는 "가장 중요한 때는 현재다. 왜냐하면 사람이 자기 자신을 통제할 수 있는 것이 현재이기 때문이다. 가장 중요한 사람은 현재 당신이 무슨 이유에서든 관계하는 그 사람이다. 왜냐하면, 누구나 자기가 이후에도 그 사람과 관계를 유지하게 될지 어떨지를 모르기 때문이다. 가장 중요한 일은 현재 무슨 이유로든 관계하는 사람들을 모두 사랑하는 것이다. 왜냐하면, 사람은 오직 사랑하기 위해서만 이 세상에 태어났기 때문이다"라고 했다. 또 오쇼 라즈니시(Osho Rajneesh)는 "과거를 생각하지 말라. 미래를 생각하지 말라. 단지 현재에 살라. 그러면 모든 과거도 모든 미래도 그대의 것이 될 것이니"라고 했다.

내가 지금 가지고 있는 시간은 언제나 '현재'뿐이다. 과거는 오직 회상 속에 남아 있고, 미래는 환상 속에 보이는 신기루에 지나지 않는다. 현재의 내 마음, 내 생활이 가장 가치가 있다.

우리에게 현재 이상 중요한 삶은 없다. 그러므로 현재에 몰두하며 일하고 현재를 즐기면서 살아야 한다. 과거의 후회, 미래의 염려를 모두 버리고 오직 현재, 여기의 삶에 집중해야 한다.

화양연화(花樣年華)라는 말이 있다. 꽃이 피는 가장 아름다운 시기라는 뜻으로 인생에서 가장 아름답고 행복한 시절을 의미한다. 젊다고 해서 무조건 화양연화라고는 할 수 없고, 늙었다고 해서 화양연화가 아니라고는 할 수 없다. 사계절에 각각 독특한 아름다움이 있듯이 인생의 사계절에도 각각 독특한 아름다움이 있다. 즉 꽃과 같은 유년기, 성숙해가는 청년기, 노련해지는 중년기, 백발이 날리는 노년기 모두 아름답다. 지금이 다름 아닌 인생의 화양연화다.

살아가는 일은 언제나 힘들다. 오랜만에 만나는 친구가 "요즘 어떻게 지내?"라고 묻는다. 상대의 대답은 다양하다. "죽지 못해 살지", "그저 그렇지 뭘!", "먹고살만 해!" 하지만 더 바람직한 대답은 "힘들어. 그렇지만 행복해!"라는 말이다. 아이를 낳아 키우는 어머니는 힘이 들지만 행복하다. 세상을 긍정적으로 보는 시각과 사물을 뚫어보는 통찰력만 갖추면 일상에서 얼마든지 행복한 순간을 찾을 수 있고 그것을 즐길 수 있다.

그리고 다른 조건을 생각하지 않는다 할지라도 내가 지금 살아 있다는 것을 깨닫는다면 오늘이 내 인생의 가장 젊고 빛나는 화양연화다.

우리나라처럼 지정학적 위치가 나쁜 나라는 폴란드를 빼놓고는 없다. 이런 상황에서 우리가 지금 정상적으로 생활한다는 것은 얼마나 축복받은 일인가?

과거·현재·미래의 통합

사람은 현재를 사는 것 같지만 사실은 과거와 현재와 미래를 동시에 사는 것이다. 과거와 미래가 현재의 행복에 영향을 미치기 때문에 현재를 살아가면서도 과거 일 때문에 힘들어하고 밝은 미래를 생각하며 현재의 고통을 인내한다. 그러니까 현재의 행복이 가장 중요한 것은 아니다. 인간은 과거에도 행복했고 미래에도 행복해야 온전히 행복할 수 있는 존재다.

과거는 바꿀 수 없지만 지금 스쳐가는 시간이 곧 과거가 되기 때문에 현재를 행복하게 살면 행복한 과거를 만들게 된다. 매 순간 보람 있고 행복하게 창조해나가야 한다. 최선을 다한 오늘은 모든 어제를 행복의 꿈으로 그리고 모든 내일을 희망의 환상으로 만든다.

스펜서 존슨(Spencer Johnson)은 《선물》이라는 책에서 인생을 '삼각대'로 표현하면서 삼각대는 다리가 셋일 때 완벽한 균형을 나타낸다고 했다. 즉 현재 속에서 살기, 과거에서 배우기, 미래 계획하기라는 세 가지 다리가 있어야 하고 현재보다 더 나은 미래를 만드는 유일한 방법은 행운이 따르는 경우를 제외하고는 '미래에 대한 철저한 계획'뿐이라고 했다.

현재 행복하게 살며, 더 나은 미래를 꿈꾸는 삶이야말로 가장 행복한 삶이자 사람이 대부분 추구하는 삶일 것이다. 그러면 이 균형을 어떻게 맞출 것인가?

이런 모습을 상상해보자. 한 운전자가 운전을 하고 있다. 먼 앞과 가까운 앞을 보고 백미러를 보며 운전한다. 그리고 조심해서 핸들, 가속기, 브레이크를 조작한다. 여기에 미래, 과거, 현재의 모습이 나타난다. 일상의 삶에서 과거, 미래, 현재의 비율은 1 : 2 : 7이 가장 적합하다고 생각한다.

시간에 겸손하라

독일 철학자 마르틴 하이데거(Martin Heidegger)는 시간이야말로 인간을 인간이게 하는 것이라고 했다. 이 시간은 단지 시계로 표시되는 시간이 아니다. 그것은 인간을 언젠가 반드시 죽음에 이르게 한다는 의미에서 절대적인 시간을 말한다. 하이데거는 "인간은 언젠가 반드시 죽는다"라는 시간의 유한적 속성을 인간의 가장 본질적인 것이라고 보았다.

'메멘토 모리'와 '카르페 디엠'은 모두 보석과 같은 서양 격언이다. '메멘토 모리(Memento mori)'는 '죽음을 기억하라'는 뜻이고, '카르페 디엠(carpe diem)'은 '현재를 즐겨라'는 뜻이다. 정반대 교훈이지만 이 둘은 서로 통한다. 두 격언은 시간과 인생의 귀중함을 깨닫게 해주는 데 큰 작용을 한다.

인간은 어차피 모두 죽는다. 그러니 잘나간다고 우쭐할 것 없다. 못 견디게 괴로운 상황에 놓여 있다 해도 좌절할 필요가 없다. 무엇이건 영원하지 않다. 죽음 앞에서 인생이라는 연극은 공평하게 막을 내린다.

그렇다면 우리는 어떻게 살아야 할까? '카르페 디엠'은 이 물음에 답을 준다. 마지막 한 방울까지 음미하는 자세로 '지금 이 순간'을 살아야 한다.

주변에서 나에게 하는 말이 그리 중요하지 않다. 하루하루 주어진 역할을 충실히 이행하며 삶을 아름다운 정원같이 가꾸어야 한다. 이럴 때 내 인생은 무엇에도 휘둘리지 않는다. 설사 실패했다 해도 미련이 남지 않는다. 행운만 주어진 삶은 바람직하지 않다. 오히려 헛헛하고 외롭고 공허할 뿐이다. 삶을 대하는 올바른 태도만이 삶을 튼튼하게 만든다.

긍정주의에도
균형이 필요하다

○○◑

중용을 지켜라. 균형은 만사에서 최선이다.

부정주의를 무조건 외면하지는 말자

긍정주의와 부정주의 중 하나를 고르라면 대부분 전자를 택할 것이다. 세상에 긍정적인 사람을 싫어하는 사람은 없다. 그들을 만나면 마음이 시원하고 힘이 생긴다. 그래서 긍정적인 사람에게 호감이 가는 것은 당연한 일이다. 그러나 부정적인 것이 모두 나쁜 것만은 아니다. 대통령 주위에 예스맨만 있다면 어떻게 될 것인가? 정책이 잘못된 방향으로 흘러갈지 모른다. 자신에게 올바른 충고를 해줄 수 있는 친구가 옆에 있다는 것은 대단히 든든한 일이다.

어떤 사람은 긍정적인 것이 좋다는 것을 인정하지만 극기력이 부족해 부정적인 방향으로 흘러가기도 한다. 따라서 긍정적인 것은 무조건 좋고 부정적인 것은 무조건 나쁘다는 흑백논리에 사로잡혀서는 안 된다. 모든 것이 잘못된 방향으로 흘러가는데 '괜찮아, 괜찮아'라고 현실을 외면한다면 파멸을 면하지 못한다.

늘 솔직하고 겸허한 마음을 가져야 한다. 부정주의자를 무조건 나쁘게 말해서는 안 된다. 스스로 목숨을 끊는 자를 무조건 비난해서는 안 된다. 그들은 자신을 숨기지 않고 나타내는 것이다. 그들에게는 그렇게 행동해야 할 이유가 있다. 다만 우리는 그런 극한 상황에 가지 않도록 경계해야 한다.

그런데 아무리 긍정적인 사람도 부정주의로 흐를 때가 있다. 즉 의기소침할 때, 자기연민에 빠질 때, 우울증에 걸릴 때, 슬럼프에 빠질 때도 있다. 밤이 있어서 낮이 밝게 느껴지듯 인생에서도 어두운 면이 있어야 밝은 소망을 볼 수 있다.

모든 사람의 활동 동기에는 적극적인 이유가 있고, 소극적인 이유가 있다. 돈을 버는 것은 부유하게 살아야 한다는 적극적인 이유가 있는 반면 가난에 빠지지 말아야 한다는 소극적인 이유도 있다. 공부를 하는 데서도 좋은 성적을 내서 유명 대학에 가야 하다는 적극적인 이유가 있는 반면 낙제를 해서는 안 된다는 소극적인 이유가 있다. 운동을 하는 데도 건강해서 행복하게 살아야 한다는 적극적인 이유가 있고 병들면 자기와 가족이 모두 고생한다는 소극적인 이유가 있다. 전자는 긍정주의이고 후자는 부정주의다.

자기가 힘에 부치는 일을 해서 방전상태인데도 상사에게 괜찮다고 하는 것은 자기를 속이는 일이다. 체면 때문에 가식적인 행동을 하는 것도 바람직하지 않다. 힘들 때는 솔직히 '힘들다'고 하는 것이 좋다. 불가능한 일을 끝까지 추구하는 것도 어리석다. 솔직한 '나' 자신이 되도록 해야 한다. 다만 그런 표현을 할 때 지혜를 발휘해야 한다.

막연한 긍정주의를 경계하라

일을 실행하는 과정에서 모든 것이 잘될 것이라는 막연한 생각은 하지 말아야 한다. 현실을 직시하며 사전에 최악의 사태를 대비해서 꼼꼼히 준비해야 한다. 명료하게 생각하고 판단하는 것이 재난을 예방하는 길이다. 장밋빛 긍정주의의 꿈에서 해방되어야 한다. 무슨 일이든 확인하고 계획을 세우며 요행을 바라지 않는 태도가 중요하다. 돌다리도 두드리며 가야 한다는 우리 속담도 있지 않은가?

시작한 일이 처음부터 좋은 결과가 나왔다고 자만해서는 안 된다. 어느 정도 난관을 극복하고 얻은 결과라야 비로소 진정한 가치가 있다. 바람직하지 않은 인생에는 세 가지 유형이 있다고 한다. 첫째는 초년의 성공, 둘째는 중년의 상처(喪妻), 셋째는 노년의 무전(無錢)이다.

왜 초년에 성공하는 것이 바람직하지 않은가? 초년에는 누구의 도움을 받을 수도 있고 행운이 작용할 수도 있기 때문이다. 현실은 본래 만만하지 않다. 그래서 현실을 우습게 보면 큰코다치게 된다.

모든 구기경기나 체조경기에서 최종 승리를 결정하는 것은 실수를 하지 않는 것이다. 우리는 삶에서도 실수하지 않도록 매사를 용의주도하게 꾸려나가야 한다. 그리고 자신의 능력에서 벗어나는 일은 하지 말아야 한다. 공자는 과유불급(過猶不及)이라고 했다. 지나친 것은 부족한 것과 같이 좋지 않다. 늘 현실을 직시하고 자신이 할 수 있는 것과 능력에서 벗어나는 것을 구분할 줄 알아야 한다. 한계선을 인식해야 하며 성공으로 가는 길에 놓인 거침돌을 잘 알아 미리 제거해야 한다.

일이 앞에 놓여 있을 때 지금은 못 하지만 노력하면 해낼 수 있는 것과 지금은 물론 앞으로도 도저히 할 수 없는 것을 구분해야 한다. 전진만이 무조건 좋은 것은 아니다. 나아가야 할 때, 멈추어야 할 때, 뒤로 물러나야 할 때를 잘 알아야 한다.

무조건 열심히 하는 것이 다 좋은 것은 아니다. 올바른 목표에 정열을 기울이는 것이 옳은 것이다. 그러므로 먼저 자신에게 올바른 목표인지 살펴보아야 한다. 잘못된 일을 열심히 하는 것은 아예 하지 않은 것만 못하다. 좋지 않는 것은 아예 처음부터 발을 들여놓지 못하도록 해야 한다. 예를 들면 음주, 흡연, 도박, 마약 그리고 각종 중독성 있는 취미다. 처음에는 호기심으로 시작했지만 나중에는 그것이 행동을 지배하게 된다. 당신은 그것들의 노예가 되어 비참한 인생을 살게 된다. 나는 예외라고 생각해서는 안 된다. 헛된 자신감에서 해방되어야 한다.

주위의 사람들이 한다고 자신도 무조건 따라 해서는 안 된다. 악한 습관과 관습에 물들지 않는 것은 자기 자신의 숭고한 의무다. 한 가지 실수나 한 가지 악습이 인생 전체에 구멍을 내는 경우도 적지 않다. 작은 개미가 큰 댐의 둑을 무너뜨릴 수도 있다.

스톡데일 패러독스

제임스 스톡데일(James Bond Stockdale)은 1923년생으로 미국 해군 제독이다. 그는 1947년부터 미 해군에 복무했는데 베트남전쟁에도 참여했다. 그는 베트남전쟁이 한창이던 1965년에 그만 적에게 잡혀 포로가 되었는데, 당시 그의 계급은 소장으로 포로들 중에서 계급이 제일 높았다. 그는 천신만고의 포로생활을 8년 동안 겪은 후 1973년에 기적적으로 석방되었다. 본국으로 돌아가 중장으로 예편했고 1992년 세상을 떠났다.

그는 폭 90센티미터, 길이 275센티미터의 독방에 감금되어 포로생활을 했는데 석방된 뒤 경영학자 제임스 C. 콜린스와 대화를 나누며 이렇게 말했다.

"저는 언젠가 그곳을 나갈 수 있을 거라는 믿음을 버리지 않았을 뿐만 아니라 더 나아가 당시 상황이 무엇과도 바꿔지지 않을 제 삶의 소중한 경험이 될 것임을 의심한 적도 없습니다."

그런 상황을 이겨내지 못한 사람들에 대해 콜린스가 묻자 스톡데일은 다음과 같이 답했다.

"불필요하게 상황을 낙관한 사람들이었습니다. 그런 사람들은 크리스마스 전에는 나갈 수 있을 거라고 믿다가 크리스마스가 지나면 부활절이 되기 전에는 석방될 거라고 믿음을 이어나가고, 부활절이 지나면 추수감사절 이전엔 나가게 될 거라고 또 믿지만 그렇게 다시 크리스마스를 맞고 반복되는 상실감에 결국 죽게 됩니다. 이건 아주 중요한 교훈인데요. 당신이 절대 잃을 수 없는, 마침내 이기겠다는 믿음과 그것이 무엇이든 현실의 가장 가혹한 사실을 직시하는 훈련을 절대로 혼동하면 안 됩니다."

콜린스는 이를 두고 스톡데일 패러독스(Stockdale Paradox)라고 불렀고, 그 후 이 말을 사람들이 자주 인용하게 되었다. 포로생활이라는 극한적 현실에 직시하여 미래를 대비한 스톡데일은 살아남은 반면, 대비 없이 상황을 낙관한 부하들은 계속되는 상실을 견디지 못하고 죽고 말았다.

스톡데일 패러독스는 '합리적 긍정주의'로 목표를 반드시 달성한다는 강한 의지를 동반한다. 또 현실을 객관적으로 수용하는 것을 바탕으로 한다. 합리적 긍정주의는 통제 가능한 상황에서는 문제해결적인 대처를 많이 하고 통제가 불가능한 상황에서는 현실을 수용하는 융통성 있는 삶의 전략이다.

그러므로 어떤 상황에서든 무조건 긍정적 사고를 하라는 것은

비현실적 조언이다. 근거 없이 막연하게 잘 풀릴 거라고 믿는 태도
는 당장에는 위안이 될지 몰라도 장기적으로는 인내하기 힘들다.
우리에게는 미래의 희망을 보고 나아가되 현실의 열악한 환경 가
운데서 끈기를 갖고 이겨내는 마음이 필요하다.

영화에서도 스톡데일 패러독스 사례를 찾아볼 수 있는데, 억울
하게 옥살이를 하면서도 끝까지 희망을 포기하지 않고 숟가락 하
나로 벽을 파내 결국 탈옥에 성공한 한 청년의 이야기를 볼 수 있
다. 그는 자신의 누명이 벗겨지고 결국 석방될 거라는 막연한 기대
를 버리고 현실을 그대로 직시하고 숟가락으로 벽을 파내는 행동
을 감행했다.

극단적 긍정주의를 경계하라

과도한 신념은 이른바 엘리트 계층인 정치인, 기업인, 교수, 종교
인 사이에서 많이 볼 수 있는 심리적 현상이다. 신념은 좋은 것이지
만 너무 강하면 무리를 하게 되고 결국 파멸을 부른다. 너무 강한
확신은 교만의 일종이다. 안하무인, 독불장군, 광신, 신비주의, 망상
등은 그릇된 긍정주의의 모습이다.

보나파르트 나폴레옹(Bonaparte Napoleon)은 1812년 50만 대군
을 이끌고 러시아를 침공한다. 하지만 불과 6개월 뒤 그는 실패하
고 군사 2만 7,000명을 이끌고 처량하게 본국으로 돌아온다. 이는
그의 종말의 전주곡이 되었다. 톨스토이의 《전쟁과 평화》라는 작품

을 보면 패배하는 나폴레옹을 실감 나게 묘사했다. 100여 년이 흐른 후 제2차 세계대전 때 독일의 아돌프 히틀러(Adolf Hitler)는 나폴레옹이 걸렸던 덫에 걸리고 만다. 그도 러시아 침공을 감행한다. 그의 보좌관들은 나폴레옹의 실패를 상기시키며 출정을 만류했지만 히틀러는 듣지 않았다. 결국 히틀러 군대는 러시아의 추위, 군대 규모, 그들의 단결심을 간과하였고 나폴레옹의 전철을 밟아 패배하게 되었다. 이 두 가지 사건은 '역사상 최대의 실수 톱 10가지' 중 각각 7위, 6위에 올랐다.

독재자들이 범하기 쉬운 실수 중 하나는 독단이다. 주위 사람들의 말을 안 듣는다. 그러면 주위에 충고하는 사람이 없어진다. 그때부터 몰락이 시작된다. 멸망한 역대 군왕 가운데 이런 사례들이 대단히 많다. 백제의 의자왕도 그중 한 사람이다.

자기가 확신하는 일이라도 시간을 두고 검토해보거나 다른 사람의 의견을 충분히 들어 결정해야 한다. '누구의 말도 듣지 않는다'는 습관은 불행을 낳는다. 자신이 100% 확신하는 일에도 잘못될 가능성이 있다는 여지를 남겨두어야 한다. 그래서 겸손은 위대한 덕이다.

부정주의에도 긍정적인 면이 있다

때로는 부정적인 면에 주의를 기울이는 것이 성공을 위해 필요하다. 신속한 결정보다는 신중한 결정이 낫다. 성급하게 결정을 내

린 탓에 막대한 경제적 손실을 봤다면 얼마나 난감한 일인가? 장밋
빛 낙관주의가 마냥 좋은 것은 아니다.

잘 모르는 것은 모른다고 솔직히 말해야 한다. 소크라테스
(Socrates)는 "나는 내가 모른다는 것을 안다"라는 말을 했다. 대학
교수도 모든 것을 다 알 수는 없다. 그도 모르는 것은 솔직히 모른
다고 해야 한다. 그래야 자신도 편하고 학생도 편하다.

'아니요'라는 말에는 분명히 긍정적인 뜻이 있다. 지금부터 꼭
500년 전 마르틴 루터는 로마교회를 향하여 용감하게 '아니요'라
고 저항했다. 만약 그가 그렇게 하지 않았다면 종교개혁은 일어나
지 않았을 것이다. 부모는 자녀에게 '하지 말라'고 훈계한다. 부모
의 경험에서 우러나온 말이다. 자녀에게 부정적인 것을 못 하게 경
계함으로써 불행을 미리 막자는 심정에서 나온 말이다. '하지 말라'
는 말은 성장한 후에도 효과가 있다.

'하지 말라'는 목사의 설교에서도, 신부의 강론에서도, 스님의 설
법에서도 많이 등장하는 말이다. 정치가들의 연설에서도 이런 부정
적 표현을 자주 발견할 수 있다. 구약성서에 나오는 '모세의 10계
명'에도 '하지 말라'는 말이 여덟 개나 된다.

긍정과 부정의 균형

하루에는 낮과 밤이 교차하듯이 인생에도 밝은 면과 어두운 면
이 번갈아 온다. 슬픔이 있기에 행복의 의미도 알게 되고, 죽음이

있기 때문에 삶도 더욱 귀해지는 것이다. 하루하루가 힘들고 버겁기 때문에 우리는 희망과 평화를 갈구하는 것이다.

햇빛만 계속 비치면 그 땅은 사막이 된다는 아라비아 속담이 있다. 자연현상과 같이 인간의 삶에도 다양한 변화가 있기 때문에 생기가 솟고 살 만해진다.

사는 동안 수많은 고난을 만난다. 이에 대처하는 방법은 고난에서 배우며, 고난을 거치며 더욱 강해지는 것이다. 바다에는 가끔 폭풍이 불어 물결을 흔들어야 산소가 공급되고 물이 깨끗해지며 물고기 먹이가 생성된다. 삶에 어느 정도 고난과 고통은 반드시 필요하다.

사람의 일생은 행복과 고난이 적절하게 균형을 이루어야 한다. 즉 긍정적인 면과 부정적인 면이 잘 섞여야 한다. 인생은 즐거운 일이 많을수록 좋지만 그렇다고 해서 즐거운 일만 있어서도 안 된다. 즐거운 일만 계속되면 살아가는 것 자체에 싫증이 나서 인생이 따분해진다.

행복과 고난의 비율은 80 대 20이 되는 것이 좋다. 행복한 일이 훨씬 더 많아야 한다. 이것이 심리학자들이 주장하는 이론이다. 만약 50 대 50이 되면 인간은 고난 편으로 기울게 된다. 왜 그럴까? 인간이 원래 부정적인 면으로 기울어 있기 때문이다. 그래서 행복한 일이 많이 생기는 것이 필요하다. 하지만 행복과 고난이 100 대 0이라면 사람은 행복을 느끼지 못하고 도전의식도 사라지게 될 것이다. 고난이 있기 때문에 행복도 느낄 수 있다. 낮은 골짜기가 있기 때문에 산이 높아 보인다.

고난을 외면할 필요는 없다. 불가피하게 닥쳐오는 고난이라면 환영해야 한다. 고난에도 긍정적인 면이 있다. 고난의 도가니를 통해야만 성숙한 인간이 될 수 있기 때문이다. 계속되는 행복은 없는 것과 같이 계속되는 불행도 없다. 밤이 지나면 아침이 오듯이 고난의 시기에 조금만 참으면 반드시 밝은 내일이 열린다.

행복과 괴로움이 균형을 잃지 않도록 인생 운영의 묘를 잘 살리자. 음악에서 강 박자가 약 박자를 끌고 가듯이 인생에서도 긍정주의가 부정주의를 끌고 가야 한다.

3장

긍정주의자의
슈퍼 모델

예수

믿는 자에게는 모든 것이 가능하다.

예수는 누구인가

인류 역사상 예수(기원전 4~기원후 29)만큼 다양한 인격과 명칭을 가진 사람은 없다. 그리스도인은 예수를 '메시아', '인자', '하나님의 아들', '구세주', '주님'이라고 부른다. 세상 사람들은 예수를 위대한 스승이라고 말한다. 예수를 공자, 석가, 소크라테스와 함께 역사상 4대 성인으로 지칭한다. 예수만큼 추종자가 많은 사람도 없다.

인류 역사를 기원전(Before Christ)과 기원후(Anno Domini)로 나눈다. 예수의 탄생을 기준으로 역사를 나누는 것은 그가 얼마나 영향력 있는 인물인지 잘 보여준다.

알려진 대로 예수는 다른 성인들에 비해 매우 짧은 삶을 살았다.

게다가 기록으로 남겨진 예수의 공생애 기간은 고작해야 3년에 지나지 않는다. 그럼에도 그의 인격과 교훈이 2,000년 동안 지대한 영향을 미쳤다는 데는 이견이 있을 수 없다.

존 맥스웰(John Maxwell)은 역사상 최고 리더로 예수를 꼽았는데, 그 이유는 아리스토텔레스(Aristoteles)와 플라톤(Platon)은 그리스 철학을 꽃피우는 데 150년이 걸렸지만 예수는 3년 만에 12제자를 키웠으며 3년 동안 비전을 제시하고 씨앗을 뿌렸기 때문이라고 했다. 그 씨앗이 오늘날까지 세계에서 가장 강한 힘을 가지고 있다고 주장하였다.

예수에 관한 서적이 엄청나게 많이 출간되었다. 미국에서 여러 해 전 《CEO 예수》, 《광고의 달인 예수》라는 책이 나와 베스트셀러가 되기도 했다. 사람들의 주관적 성향에 따라 예수를 각각 다르게 이해할 수밖에 없는 근본적 한계가 있다. 나는 여기서 '긍정주의자로서 예수'의 모습을 묘사하려고 한다.

예수는 믿음이 충만한 삶을 살았다

우리가 예수를 이해할 수 있는 직접적 근거는 이른바 '4복음서'라고 하는 마태복음, 마가복음, 누가복음, 요한복음이다. 예수가 가장 중요하게 생각한 것은 하나님과 관계였다. 그의 일과는 새벽에 하나님과 대화하는 것(기도)으로 시작되었다. 하나님과 관계의 핵심은 믿음이다. 예수는 이 믿음이 충만했다.

예수는 사역을 시작하기 전, 선배인 세례요한에게서 세례를 받고 물에서 올라왔는데 그때 하늘이 열렸다. 그는 하나님의 영이 비둘기같이 내려와 자기 위에 머무르는 것을 보았다. 그리고 하늘에서 이런 소리가 들렸다. "이는 내가 사랑하는 아들이다. 내가 그를 좋아한다." 그는 하나님이 자신을 사랑하신다는 음성을 들었다. 그는 새로운 확신과 긍지를 가지고 사역에 임하게 되었다.

그는 하나님께서 늘 자신과 함께 계심을 믿었다. 하나님께서 그의 기도에 늘 응답하신다는 것을 의심치 않고 믿었다. 그에게는 불가능이 없었다. "믿는 자에게는 능치 못한 일이 없느니라"라는 말을 자주 사용했다. 그는 믿음의 힘에 대해 종종 제자들에게 가르쳤다. 그가 많은 이적을 베풀었는데 그 이적의 근원은 온전한 믿음이었다.

예수는 인류를 괴롭히는 최대 적인 근심, 걱정, 두려움을 극복하는 비결도 바로 하나님께 대한 온전한 믿음을 갖는 것이라고 가르쳤다. 그는 늘 마음속에 평안과 기쁨을 소유했는데 그것은 그가 하나님께 대한 철저한 믿음을 소유했기 때문이다.

사명을 완수하기 위해 일관된 노력을 기울였다

예수가 살았던 시대는 정치, 경제, 사회, 도덕 할 것 없이 모든 분야에 걸쳐 일대 혼란기였다. 그때야말로 최악의 상황이었다. 어느 면에서도 불안하지 않은 것이 없었다. 그는 이런 악한 시대 가운데에서도 사명을 달성하려 꾸준히 전진했다. 그는 참으로 위대한 긍정주의자였다.

3년간 그의 행적을 살펴보면 그가 꾸준히 목표를 추구했다는 것을 알게 된다. 그는 이렇게 말했다.

"가서, 그 여우(헤롯왕)에게 전하기를 '보아라. 오늘과 내일은 내가 귀신을 내쫓고 병도 고칠 것이요, 사흘째 되는 날에는 내 일을 끝낸다' 하여라. 그러나 오늘도 내일도 그다음 날도, 나는 내 길을 가야 하겠다."(누가복음 13:32, 33)

어떤 상황에서도 굴복하지 않고 자신의 길을 묵묵히 가는 예수의 모습을 엿볼 수 있다. 누가 무엇이라고 하든 자신이 옳다고 믿는 바를 향하여 꾸준히 전진하는 자세가 힘이 있다. 힘이 있어야 계속한다.

그는 거룩한 비전, 사명, 목표를 지니고 살았다. 목적이 삶을 이끌어야 일관성 있게 전진할 수 있다. 해야 할 가치를 느끼면 지속할 수 있다. 그러므로 일하다가 피곤하면 일의 원래 가치와 목적을 새롭게 해야 한다. 그러면 피곤한 몸에 생기가 회복이 되고 심기일전할 수 있다.

그는 강한 의지를 가지고 기분과 상황을 다스렸다. 그는 "나는 이것을 해야 하리라"라는 말을 종종했다. 목표를 달성하기 위해 의지를 다진 것이다.

비전과 그 달성전략을 제시했다

그의 비전은 '하나님 나라'였다. 그의 첫 번째 설교는 "때가 찼다. 하나님의 나라가 가까이 왔다. 회개하고 복음을 믿어라"(마가복음 1:15)였다. '하나님 나라'라는 말은 특정 지역이나 공간을 의미하지 않는다. 하나님의 절대적 통치권이 행사되는 모든 곳을 일컫는다. 죄를 용서함 받고 평안과 기쁨을 누리는 곳이다. 더 나아가 세계평화가 이루어지는 곳이다. 바울은 하나님 나라를 '성령 안에서 누리는 의와 평화와 기쁨'(로마서 14:12)이라고 했다. 예수의 최고 이상은 '하나님 나라 건설'이었다.

하나님 나라 비전을 달성하는 전략은 무엇인가? 예수는 이에 대해 '겨자씨 철학'을 말했다.

"하늘나라는 겨자씨와 같다. 겨자씨는 어떤 씨보다 더 작지만, 자라면 어떤 풀보다 더 커져서 나무가 된다. 그리하여 공중의 새들이 와서, 그 가지에 깃들인다."(마태복음 13:32, 32)

팔레스타인 갈릴리평원에서는 겨자가 특히 많이 난다. 겨자는 보통 4~5미터까지 자라며, 새들이 무척 좋아하여 그 나무로 찾아들어 씨를 먹는다.

예수는 어릴 때부터 겨자씨를 눈여겨보았다. 그리고 이렇게 생각했다. "어떻게 이토록 작은 씨가 땅에 뿌려져 1년도 채 되지 않아 사람의 키보다 두세 배나 자랄까? 참으로 신기하다! 하나님 나라를 완성하는 과정도 바로 이와 같지 않을까? 그렇다! 이것이 바로 하나님 나라를 이루어가는 방법이구나!"

이 '겨자씨' 철학에서 예수의 신념을 볼 수 있다. 작디작은 겨자씨가 나중에 큰 나무로 자라듯 하나님 나라도 시작은 눈에 보이지 않을 정도로 미미하나 나중은 창대하리라는 것이 그의 신념이었다. 그렇게 생각할 수 있는 이유는 겨자씨에 '생명력'이 담겨 있기 때문이다.

인간의 삶을 들여다보면 일상은 더없이 사소한 일로 이루어져 있다. 크게 보이는 일도 실상은 사소한 것으로 채워져 있다. 천 리 길도 한 걸음이 그 시작이듯 이 세상에서 위대한 일 역시 작디작은 행동에서 비롯된다.

예수는 겨자씨 한 알을 '작은 믿음'으로 비유하기도 했다.(마태복음 17:20) 겨자씨 한 알만 한 작은 믿음만 있어도 불가능이 없다는 신념은 분명 비전을 달성할 수 있는 전략의 밑거름이 되고도 남는다.

역사에서 우리는 불가능하다고 여겨지는 일들을 용감하게 이루어낸 수많은 위인을 만날 수 있다. 그런데 이런 추진력의 밑거름은 다름 아닌 '살아 있는 믿음'이다. 믿음은 기적을 낳는 씨앗이다. 예수가 말하고자 한 믿음은 하나님께 대한 전폭적인 지지와 신뢰였다. 올바른 믿음에서 오는 힘은 인간의 능력을 초월한다. 예수의 생애가 바로 그런 증거를 보여준다.

제자 훈련에 열성을 다했다

예수는 세상을 바라보며 이런 생각을 했을 것이다. '세상은 황량하고 넓으며 사람들은 무지하기 그지없는데 이런 상황에서 어떻게 비전을 펼 수 있을까?' 그는 여러 날 곰곰이 생각한 뒤 해결책을 고안했다. '옳지! 제자들을 선택하고 훈련하는 일이야!'

그는 제자 훈련에 강한 의지를 보였다. 그는 제자들을 택했다. 그런데 이상하게도 그가 택한 제자들은 예수의 제자가 되기에는 매우 부족해 보였다. 그들은 대부분 성격이 거친데다가 이기적이었고 또 어떤 사람은 매우 다혈질이었다. 그러나 예수는 개의치 않고 꾸준히 제자들을 가르쳤다. 예수는 그들과 함께 생활하면서 교육과 훈련을 게을리하지 않았다. 제자들의 미숙한 행동을 참고 믿었으며, 그들을 끝까지 사랑했다.

그는 지상의 삶을 거의 마칠 때 기도하기를 "나의 모든 것은 아버지의 것이고, 아버지의 것은 모두 나의 것입니다. 나는 내 제자들로 말미암아 영광을 받았습니다"라고 했다. 지상에서 가장 자랑스럽게 행한 것이 바로 '제자 훈련'이라고 고백한 것이다. 제자 훈련은 그가 시간과 정력을 가장 많이 투자한 프로젝트였다. 그는 최대 자원이 무엇인지 알았고, 그것을 잘 이용했다.

우리가 사는 지구에서 100년 이상 지속되는 조직체는 별로 많지 않다. 그런데 2,000년을 지속적으로 내려온 조직체가 있으니 그것은 바로 예수와 그 제자들로 구성된 '예수 공동체'다. 그 조직체의 장수 비결은 다름 아닌 철저한 후계자 교육이다.

훗날 제자들은 예수의 기대를 저버리지 않고 예수의 교훈을 전하는 헌신된 사람이 되었다. 교육 정도도 낮고 사회적 지위도 낮은 제자들을 택해서 3년간 정열적으로 훈련한 예수는 목적을 이루었다. 그는 제자들에 대해 비전을 가졌으며 올바로 훈련받으면 훌륭한 제자가 될 수 있다는 확신을 가졌다. 여기서 그의 강한 긍정적 사고를 엿볼 수 있다.

사람에게 긍정적 태도를 지녔다

공자는 인간을 군자와 소인으로 철저히 구분했다. 그러나 예수는 공자와 달리 모든 사람을 똑같이 대했다. 즉 모든 인간은 '하나님의 자녀'라는 것이다. 예수의 눈에는 모든 사람이 사랑스러워 보였다. 예수는 개인에게는 '죄인'이라는 용어를 결코 사용하지 않았다. 모든 사람에게 긍정적인 태도로 대했다.

그는 당시 천대받던 대상인 어린이를 사랑했다. 그들을 칭찬하면서 "하나님 나라는 바로 어린이들과 같은 심정을 가진 자의 것이다"라고 했다. 당시에는 여인도 천대받았다. 복음서에 보면 예수 주위에는 많은 여인이 몰려들었다. 예수는 여인들을 존중해주었다. 간음했다고 붙잡힌 여인을 말 한마디로 구출해주면서 "다시는 죄를 범하지 말라"라고 말했다. 창녀도 성녀가 될 수 있음을 믿었다. '예수는 세리와 죄인들의 친구'라는 별명도 얻었다. 예수는 스스럼없이 당시 죄인 취급을 받던 계층과 함께 식사하며 대화를 나누었다.

어느 날 세리장 삭개오는 예수를 한번 보려고 나무 위에 올라갔다. 예수는 무리와 함께 나무 밑을 지나가다가 나무 위에 삭개오가 있는 것을 보고 다정하게 그의 이름을 부르면서 내려오라고 했다. 그리고 오늘 밤 그의 집에서 묵겠다고 했다. 죄인과 성자가 만난 것이다. 예수는 긍정적인 믿음을 가지고 편견 없이 삭개오를 만났다. 진정한 만남은 순수한 믿음을 전제로 한다. 예수의 이 돌출행위에 예수를 적대하는 무리가 얼마나 난리를 피웠을지 상상해보는 것은 그리 어렵지 않다.(누가복음 19장)

그는 정신질환자, 시각장애인, 한센씨병환자를 비롯해 온갖 질병에 걸린 자들을 고쳐주었다. 그는 이들이 모두 병에서 나아 하나님 형상을 되찾을 것을 간절히 바랐다. 그는 또한 인간에게 분노하거나 비난하는 것은 큰 죄를 범하는 것이라고 말했다.

"나는 너희에게 말한다. 자기 형제나 자매에게 성내는 사람은 누구나 심판을 받는다. 자기 형제나 자매에게 얼간이라고 말하는 사람은 누구나 공의회에 불려갈 것이요, 바보라고 말하는 사람은 지옥불 속에 던져질 것이다."

그는 죄를 범한 사람도 회개하면 하나님 자녀로 회복할 수 있다는 것을 유명한 탕자의 비유를 들어 가르쳤다. 그는 누구에게나 사랑의 말로 감동을 주었다. 그리고 그가 만난 대상을 변화시켰다.

황금률

예수님의 교훈 중 유명한 황금률이 있다. 이것은 복음서 두 곳에 기록되어 있다. 첫 번째로는 마태복음 7장 12절이다. "그러므로 너희는 무엇이든지, 남에게 대접을 받고자 하는 대로, 너희도 남을 대접하여라. 이것이 율법과 예언서의 본뜻이다."

두 번째로는 누가복음 6장 38절이다. "남에게 주어라. 그리하면 하나님께서도 너희에게 주신다. 되를 누르고 흔들어 넘치도록 후하게 되어서 너희 품에 안겨주신다. 너희가 되질하여 주는 그 되로 너희에게 도로 되어서 주신다."

이 말씀은 '뿌린 대로 거둔다'는 원리에 입각한 것이다. 인간이 다른 사람과 평화롭게 살고 또 부유하게 살 수 있는 비결이 황금률에 포함되어 있다. 이 말씀의 핵심은 "다른 사람이 당신에게 해주기를 바라는 것과 똑같이 다른 사람에게 하라"라는 것이다. 이 법칙은 매우 간단한데도 인간에게 영속적인 가치를 준다. 이 법칙을 충실히 수행하면 우리가 우리 운명의 주인공이 될 수 있다. 그런데 많은 사람은 이 말씀을 인용하기를 좋아하면서 행동에는 인색하다. 그래서 삶의 변화가 일어나지 않는다.

이기주의라는 단단한 껍질을 깨지 못하면 변화가 일어날 수 없다. 다른 사람에 대해 먼저 선한 행동을 하면 그것이 긍정적인 작용을 계속 일으켜 밝은 사회를 만들 수 있다.

예수의 새로운 사고

예수는 이런 교훈을 말했다. "새 포도주를 낡은 가죽 부대에다가 넣는 사람은 없다. 그렇게 하면, 새 포도주가 그 가죽 부대를 터뜨릴 것이며, 그래서 포도주는 쏟아지고 가죽 부대는 못 쓰게 될 것이다. 새 포도주는 새 부대에 넣어야 한다."(누가복음 5:37, 38)

새 시대가 왔는데 옛것만 고집한다면 퇴보나 퇴출을 면하지 못한다. 예수 시대에 많은 종교지도자는 율법과 자신이 만든 규례에 얽매여 새로운 사고를 받아들이지 않았다. 예수는 이에 대해 여러 번 가르쳤지만 그들은 듣지 않았다. 오히려 이상한 말을 한다고 예수에게 죄를 씌워서 십자가형으로 처형했다.

많은 개인이 자신들이 만들어놓은 감옥, 자신들이 만들어놓은 편견의 울타리에 갇혀 있다. 여기서 과감히 탈피하지 않으면 희망이 보이지 않는다.

개인, 단체, 국가가 생존하려면 끊임없이 혁신해야 한다. 제일 먼저 혁신해야 할 것이 바로 사고방식이다. 사고의 혁신이 없으면 우물 안 개구리 신세가 되고 만다. 1세기 전에 우리나라가 일본에 강점당한 것도 지도자들이 제때 개혁하지 못했기 때문이다. 예수 말씀대로 익숙함과 타성에서 탈출하여 매일 새롭게 변화해야 살길이 보인다.

엘리자베스 1세

◯◯◯◗

시련이 올 때 어떤 자는 두려워서 떨지만
어떤 자는 날개를 펴고 비상한다.

엘리자베스 1세는 누구인가

몇 해 전 〈뉴욕타임스〉는 지난 1,000년간 최고 리더로 엘리자베스 1세(1533~1603)를 선정했다. 그녀가 남존여비 사상이 강했던 16세기에 여성으로서 왕의 자리에 오른 것이 그 이유였다. 이 여성 지도자는 국민에게 봉사하며 국가의 부흥을 이끌어 국민의 사랑과 존경을 받았다. "영국인 누구도 엘리자베스 1세에게는 돌을 던지지 않는다"라는 말이 있을 정도다.

엘리자베스 1세는 영국 절대주의의 전성기를 이끈 왕으로, 잉글랜드를 정치와 상업, 예술 분야에서 유럽 최고 위치로 끌어올렸다. 25세에 즉위한 여왕은 영국 국왕이 영국국교회 수장이라고 선언하는 수장령을 부활해 영국국교회를 다시 확립하고 가톨릭을 억압함으로써 종교적 통일을 꾀했다. 프랑스, 스페인과 복잡한 외교 게임을 벌이던 이 여왕은 최강국 스페인의 압력에서 벗어나기 위해 펠리페 2세의 무적함대를 무찌르면서 대제국으로 발전할 기초를 다졌다.

이후 인도에 동인도회사를 세워 아시아 진출의 바탕을 마련하고 북아메리카에도 식민지 정부를 세웠다. 엘리자베스는 통치기간 내내 종교적 긴장과 정치적 음모에 시달렸지만 타고난 정치적 감각을 바탕으로 국민의 충성심을 북돋워 외적과 맞서고 나라를 통합하는 데 힘썼다.

끈질긴 생명력을 지녔다

그 당시 왕의 딸이면 공주로서 마땅히 왕권을 이어받을 수 있었는데도, 그녀의 인생역정은 살얼음판을 걷는 것과 같았다. 그러나 그녀는 험난하고 어려웠던 수많은 곡절을 딛고 스스로 일어났다. 입지전적 인물이요, 세계 여성의 강인성을 대표하는 여걸이 되었다. 그녀는 불가능하리라고 생각했던 많은 일을 가능으로 바꾸었을 뿐만 아니라, 모든 것을 성취해낸 위대한 긍정주의자였다.

그녀의 아버지 헨리 8세는 영국 왕으로서 불량한 인격의 소유자였다. 그는 형수로서 일찍이 미망인이 된 캐서린을 연모하여 주위에서 만류하는데도 그녀와 결혼하여 메리라는 딸을 낳았다. 그러나 얼마 못 가서 캐서린과 이혼하고 둘째 왕비로 앤 불린과 재혼한다. 그들 사이에서 엘리자베스가 태어났다. 1533년 9월 7일이다.

그러나 헨리 8세는 또 얼마 못 가서 그 왕비를 간통과 반역죄로 처형한다. 이에 엘리자베스는 왕위계승권을 박탈당하게 된다. 그 뒤 엘리자베스는 거의 감금생활을 하다시피 밀폐된 공간에서 살면서 조심조심 장장 25년간 살아야 했다. 어머니가 아버지에게 처형된 비극을 보고 엘리자베스의 심정은 어떠했을까?

헨리 8세는 세 번째 왕비로 제인 시모어와 결혼하여 아들 에드워드를 낳았다. 1547년, 왕이 돌아가게 되자 그동안 숨어 살던 첫째 딸 메리가 왕위에 오른다. 그녀는 '피의 메리'라는 악명이 따를 정도로 잔학하여 개신교인과 정치인들을 무수히 잡아 죽였다. 이복언니 메리 1세가 펼친 가톨릭 복귀정책이 와이어트반란(1554년 2월 런던에서 와이어트 경이 반란을 일으켜 메리 여왕을 몰아내고 엘리자베스를 여왕 자리에 앉히려고 한 사건)으로 이어졌을 때, 엘리자베스도 반란에 가담했다는 혐의로 런던탑에 유폐되는(1553) 등 소녀 시절을 힘들게 보냈다. 엘리자베스가 살아남을 수 있었던 것은 놀랄 만한 침착성 덕분이었다. 그녀는 목숨이 위태로운 상황에서도 감정이 전혀 동요되지 않는 냉철함을 보였다.

그런데 1558년 메리 여왕이 죽었다. 엘리자베스는 장장 25년간 숨소리조차 크게 내쉬지 못하고 숨어 지내다가 메리 여왕이 죽은 1558년 25세의 처녀로 왕위에 올랐다. 그녀는 왕이 되자 민심을 다독거리며 평화정책을 펴나갔다. 자연히 국민의 마음도 그녀에게 쏠리게 되었다.

엘리자베스 여왕이 선정을 베풀게 된 것은 이복언니 메리 여왕의 폭정으로 상한 국민의 마음을 달래주기 위한 것이다. 그리고 그녀는 소리 없이 숨어살던 시절을 생각하며 여왕이 된 것을 신의 은총으로 받아들였다. 소녀 시절 죽을 고비를 넘긴 그녀는 어떠한 어려움도 이겨내는 마음을 키웠고, 선정을 베풀려고 부단히 노력했기에 위대한 왕이 될 수 있었다.

스페인의 무적함대를 무찌르고 새 역사를 창조하다

엘리자베스 1세는 스페인의 무적함대를 무찌르고 16세기 영국의 부흥을 이끌었다. 엘리자베스 여왕은 왕위에 오른 지 얼마 안 된 1558년 7월, 교황청의 사주를 받은 스페인의 함대가 침공해오면서 뜻하지 않은 전쟁을 치르게 되었다. 즉, 바다 건너 내륙에 자리한 스페인이 전함 149척, 수병 8,000명, 전사 9만 명, 대포 2,500문으로 무장하고 알마다 전함을 중심으로 영국 앞바다까지 쳐들어왔다.

여왕이 즉위할 때만 해도 잉글랜드는 약소국가였다. 잉글랜드는 전통적으로 강대국인 스페인과 동맹을 맺어 강대국 프랑스와 대적하는 국가였다. 하지만 헨리 8세 때 교황과 신뢰가 깨지면서 스페인과 맺은 동맹이 위태롭게 되었다. 그리고 스페인의 침략을 받은 것이다.

이에 영국에서는 드라크 장군으로 하여금 스페인군과 맞서 싸우게 했다. 이는 영국이 역사에서 살아남느냐, 패망하여 국가가 아예 없어지느냐 하는 기로에 처한 싸움이었다.

스페인의 무적함대와 일전을 치르게 되자 엘리자베스 1세는 갑옷을 입고 병사들 앞에서 외쳤다. "나는 비록 연약한 여자이지만 마음과 용기는 영국 '왕'의 것이다." 여왕은 그 어떤 남성보다도 강인했다. 이때 여왕은 해적선장 드레이크를 기용해 스페인의 무적함대를 무찔렀다.

스페인군은 영국군에 대패하여 자기 나라로 돌아가려고 했다. 하지만 직선 퇴로를 영국군이 차단했으므로 할 수 없이 멀리 북쪽으로 돌아가기로 했다. 그런데 때마침 불어온 태풍을 만나 스페인 전함이 거의 다 파괴되고 겨우 50척만 자기 나라로 돌아갔다.

이 전쟁은 세계 역사가 바뀌는 계기가 되었다. 영국은 대서양의 해상권을 장악하게 되었고, 영토를 확장하여 "영국의 영토는 해가 떠서 지는 일이 없다"라고 할 정도로 전 세계에 수많은 영토를 가지게 되었다. 그리고 유럽의 여러 나라가 교황의 지배에서 독립하여 자유로운 나라로 발전하게 되었다.

이 전쟁에서 승리하게 된 가장 큰 요인은 엘리자베스 1세의 리더십이다. 여왕은 스페인의 침략을 미리 감지하고 짧은 기간 전쟁 준비를 철저히 했다. 스페인과 싸우기 전 잉글랜드의 군사력은 약했고 재정도 어려웠다. 엘리자베스 1세는 이런 현실을 잘 파악하고 있었다. 여왕은 무엇보다 '인심이 천심'이라는 점을 잘 알고 있었다. 이런 뛰어난 판단력은 조세정책에 바탕을 두었다는 평가를 받고 있다. 여왕은 세금을 국가가 정하지 않고 국민이 주는 대로 받겠다고 약속하고 이를 실천했다. 그 결과 당시 영국의 세금은 유럽에서 가장 적었다. 하지만 이런 세금제도가 오히려 놀라운 역사적 사건을 만들어냈다.

영국 왕실은 재정이 빈약해 스페인에 맞설 전함을 구축할 비용이 부족했다. 엘리자베스 1세는 국민에게 전쟁 비용을 모금해달라고 호소했다.

"시련이 올 때 어떤 자는 두려워서 떨지만 어떤 자는 날개를 펴고 비상합니다."

이에 상인들과 목축업자들이 먼저 적극 호응하며 외쳤다.

"마음과 뜻, 몸과 생명, 재화를 더해 여왕을 돕자!"

그 결과 여왕이 제시한 금액보다 훨씬 많은 34만 파운드가 모였다. 영국인의 높은 애국심 덕분에 영국은 그해 아르마다해전에서 스페인의 무적함대를 격파했다.

젊은 여왕의 내면에는 지혜와 강인함이 감추어져 있었다. 시련 앞에서 그야말로 날개를 펴고 날아오른 엘리자베스 1세가 있었기에 영국에서 '황금시대'가 시작되고 르네상스의 꽃이 피어날 수 있었다.

엘리자베스 1세가 롱런한 비결

엘리자베스 1세는 25세에 여왕이 되어 45년간 다스리고 70세에 서거했다. 그녀가 통치에서나 수명에서나 길게 갈 수 있었던 비결을 요약하면 다음과 같다.

첫째, 어린 시절 정치적 이유로 몇 번이나 죽을 고비를 넘겼다. 이 경험으로 위기 속에서 생존하는 방법을 터득했다.

둘째, 백성을 누구보다도 잘 알았다. 그래서 그들의 요구와 기대를 최대한 충족해주려고 노력했다. 백성은 여왕을 사랑하고 존경했다.

셋째, 항상 균형감각을 지니고 있었다. 극단에 치우치지 않고 중용을 매우 중요하게 여겼으며 업무나 인사에서는 양극단 어딘가에서 적정선을 찾았다.

넷째, 원칙과 도덕을 중시하는 원칙주의자였지만 한편으로는 고도의 타협과 술수에도 능했던 마키아벨리형 군주였다. 이 방법이 어려운 상황에 놓인 나라를 다스려나가는 데 효과가 좋았다.

다섯째, 자기관리를 철저히 했다. 건강뿐 아니라 시간도 철저히 관리했다.

여섯째, 신앙심이 돈독했다. 하나님의 은총을 받았다고 확신해 하나님과 늘 교제했으며 종교적 신념을 정치에 활용했다.

일곱째, 비전감각과 현실감각을 아울러 갖추었다. 앞을 내다보는 눈이 뛰어났을 뿐 아니라 일도 탁월하게 추진했다.

여덟째, 평생 독신으로 살았다. "나는 영국과 결혼했다"면서 온 정신을 국가와 민족의 번영과 발전에 바쳤다. 그녀가 결혼했더라면 그 시대상황에서 그리 오래 처세하지 못했을 것이다.

아홉째, 통치를 시작하자마자 실시한 개혁이 성공했으며, 대내외적으로 번영을 도모해서 국민의 신임을 얻었다. 인격과 실력 또한 겸비했다.

열째, 늘 새로워지려고 노력했다. 어릴 때부터 학문을 좋아해 그리스와 라틴의 고전을 배웠으며 독일, 프랑스, 이탈리아 등의 언어와 역사, 음악, 신학에 능통했다. 학문적 소용과 지식이 해박했고 대화술과 웅변술도 뛰어났다. 옥스퍼드대학교를 방문했을 때는 교수들에게 라틴어로 고별 연설을 하기도 했다.

엘리자베스 1세는 불세출의 정치가이자 우아한 지성인이었다.

이순신

○○◑

신에게는 전선이 아직도 12척 있습니다.
죽을힘으로 막아 지키면 오히려 해낼 수 있습니다.

이순신의 생애

우리 국민 중 이순신(1545~1598)을 모르는 사람은 없을 것이다.
국민이 인지하는 한국 대표 위인으로 1위가 이순신이다. 한국인은
그를 가장 존경한다. 그의 54년 생애는 그가 최악의 조건에서도 용
기를 잃지 않고 최선을 다했음을 잘 보여준다. 그는 긍정주의의 화
신이라고 부를 만하다.

그는 1545년 4월 28일 한성부 건천동(현 서울 중구 인현동)의 몰락
한 양반 집안에서 태어났다. 그는 어머니의 영향을 많이 받았다. 어
머니 변씨는 현모로서 아들들을 끔찍하게 사랑하면서도 가정교육
을 엄격히 했다. 그의 어린 시절 기록은 많지 않으나 얼굴 모양이 훌

룽하고 기풍이 있었다고 한다. 자라면서 말을 잘 타고 활쏘기를 좋아하였고 글씨를 잘 썼다고 한다. 또 전쟁놀이도 즐겨 했다고 한다.

그는 22세까지 별다른 일을 하지 않고 공부만 계속했다. 선조가 문인이었지만 그는 문인으로 출세하려는 생각을 접고 무과를 택했는데 그 이유는 무인이었던 장인 방진과 아내의 영향을 받았기 때문이다.

22세에 무인이 되기로 결심한 그는 본격적으로 무과시험을 준비했다. 28세에 무과시험을 쳤지만 낙방하고 32세에 다시 도전해서 합격했다. 뒤늦게 무인의 길에 들어섰지만 10년 동안 미관말직에서 파직과 복직을 반복하는 고통스러운 세월을 보내야 했다.

함경도 동구비보의 군사책임자(군관)가 되면서 이순신의 명성이 점점 알려지기 시작했다. 그는 그곳에서 국경 경비를 맡았다. 36세 때는 전라도 발포만호로 임명되어 포구 수비를 맡았다. 38세 때 무고를 받아 파직되었다. 39세 되던 해에 복직해 함경북도 권관으로 근무하면서 호적의 괴수 울지내를 잡아들여 양민을 보호했다. 42세 때 조산만호가 되었고, 녹도둔전을 관리할 때 호적의 포로로 잡혀가는 백성 수십 명을 구하다 넓적다리에 화살을 맞았는데도 도리어 모함을 받아 투옥되었다.

이순신은 임진왜란이 일어나기 1년 전인 1591년 전라좌수사에 올랐다. 그는 왜군이 쳐들어올 것이란 정보는 듣고 착실히 전쟁을 대비했다. 기존의 전함 판옥선을 변형하여 거북선을 만들었다.

1592년 4월 13일, 이순신의 나이 48세 때 임진왜란이 일어났다. 임진왜란은 조선과 일본이 7년간 치른 전쟁으로, 조선왕조 역사에서 가장 참혹한 전쟁이었다. 이순신은 그해 5월 7일 수군을 끌고 나가 처음 치른 옥포대전에서 대승을 거두었다. 그가 그 후 이룬 3대 대첩은 한산도대첩, 명량해전, 노량해전이다.

1597년 명나라와 일본의 강화회담이 결렬되자 본국으로 돌아갔던 왜군이 다시 침입하여 정유재란이 일어났다. 이순신은 적을 격멸할 기회가 다시 왔다고 기뻐하며 싸움에 만전을 기했다. 그러나 그는 불행하게도 선조의 무능과 판단 미숙, 신하들의 오판으로 옥에 갇히게 되었다. 그는 죽음 직전에 우의정 정탁의 변호로 간신히 목숨을 건진 후 도원수 권율의 막하로 들어가 백의종군했다.

그해 7월 삼도수군통제사 원균이 적의 유인전술에 빠져 거제 칠천량에서 전멸됨으로써 이순신이 힘써 길어온 무적함대는 형적조차 찾아볼 수 없게 되었고, 한산도 군비도 흔적을 찾을 수 없게 되었다. 원균이 패했다는 소식이 조정에 이르자 조야가 놀라서 어찌할 바를 몰랐다. 결국 이순신을 통제사로 재임용할 수밖에 없었다. 통제사에 재임명된 이순신은 남해 등지를 두루 살폈으나 군사 120명에 병선 12척이 남아 있을 뿐이었다. 그러나 그는 실망하지 않고 조정의 만류에도 수전에서 적을 맞아 싸울 것을 결심하였다.

이순신은 명량해전에 앞서 군사들에게 필승의 신념을 일깨운 다음 8월 15일 병선 12척과 빈약한 병력을 거느리고 명량에서 적함

133척과 대결하여 31척을 부수는 큰 전과를 올렸다. 이것은 다시 통제사로 부임한 뒤 치른 최초의 대첩이자 수군을 재기하는 데 결정적 역할을 한 싸움이었다. 그뿐만 아니라 육군에도 용기를 일으킨 쾌거이기도 했다.

이순신은 1598년 11월 19일 벌어진 노량해전에서 적군의 유탄을 맞고 장렬하게 전사했다. 그는 죽는 순간까지 "싸움이 바야흐로 급하니 내가 죽었다는 말을 삼가라" 하고 조용히 눈을 감았다.

이순신은 23전 23승이라는 놀라운 승전기록을 세웠으며 최악의 상황에서 최선의 리더십을 발휘한 영웅이다. 그는 어떤 관점, 어느 위치에서 바라봐도 배울 점이 많고 모범이 되는 위대하고 자랑스러운 우리 조상이다. 그는 장수요, 경영자요, 발명가요, 시인이기도 했다.

절대적 긍정주의

성공한 사람들이 대부분 그렇듯 이순신도 절대적 긍정주의자였다. 그의 삶은 결코 순탄하지 않았다. 그는 22세에 결심을 하고 새로운 도전을 했다. 진로를 무과로 바꾼 것이다. 그리고 6년 동안 무과시험을 준비했지만 실패했다. 그 후 4년을 더 노력해 합격했지만 말단장교로 최전선을 전전했다. 직장을 세 번 잃었고 두 번은 계급장조차 없었다. 그리고 전쟁의 마지막에 전사했다.

이순신의 모든 선택에는 시련이 예고되어 있었다. 그러나 그는 시련을 각오하고 선택했다. 시련을 겪으며 삶의 지혜를 쌓았다. 그가 시련을 극복할 수 있었던 가장 큰 힘은 긍정주의였다.

원균이 칠천량에서 왜군에 대패하자 선조는 수군을 폐지하려고 했다. 삼도수군통제사에 복귀한 이순신은 누구도 상상할 수 없는 자신감과 긍정주의로 선조를 설득했다.

"신에게는 전선이 아직도 12척 있습니다. 죽기를 각오하고 막아 지키면 오히려 해낼 수 있습니다. 비록 전선은 적지만 신이 죽지 않는 한 적이 감히 우리를 무시하지는 못할 것입니다." 이런 그의 태도가 임금과 조정 그리고 부하들의 생각마저 바꿨다. 그의 말과 행동에는 긍정주의가 깊이 배어 있었다. 누구보다도 스스로를 믿어야 한다. 그럴 때 모든 것이 가능해진다.

'필사즉생 필생즉사(必死則生 必生則死, 죽고자 하면 살고 살고자 하면 죽을 것이다)'. 1597년 《난중일기》에 기록된 이 글은 명량해전이 있기 하루 전날 절대적인 수적 열세 속에서 싸워야 하는 수군 장수들에게 싸움에 임할 때 자세를 당부한 말이다. 여기서 우리는 총체적 난국에서도 고독과 두려움을 극복하며 위기를 돌파해나간 그의 위대한 정신을 엿볼 수 있다.

그의 긍정주의에 전염된 군사들도 이순신과 함께 위대한 승리의 역사를 썼다. 그 결과 패잔병으로 구성된 조선 수군 13척(실제 참전한 배는 13척이라고 함)이 칠천량해전에서 대승해 고무된 왜선 133척과 싸워 크게 승리했다. 이순신은 이 전쟁 직전 부하들을 크게 격려하고 승리하리라는 믿음을 심어주었다. 전쟁이 시작되자 자신이 선두에서 싸우며 불패의 긍정주의를 전염시켜 승리를 이끌어냈다. 그리고 '하늘이 도운 행운'이라고 겸손하게 하늘에 감사했다. 이 밖에도 그의 삶 도처에서 긍정주의를 발견할 수 있다.

"1592년 2월 26일, 날이 저물어서야 방담에 이르러 인사를 마치고 무기를 점검했다. 장전과 편전은 쓸 만한 것이 하나도 없어서 걱정했으나, 전선은 그런대로 완전하니 기쁘다."

"1596년 5월 9일, 부안의 전선에서 불이 났다. 그러나 심하게 타지 않아 다행이다."

그는 어려운 상황에서도 언제나 긍정적인 부분을 먼저 보았고 위기 속에서도 희망을 떠올렸다. 그의 긍정적인 태도가 가족과 국민에게 안정감을 주었고, 부하들의 사기를 높여 어떤 문제든 신속하게 대처할 수 있도록 해주었다.

그의 말과 행동에는 긍정주의가 배어 있었다. 그는 결코 부정적인 언어, 비관적인 언어를 사용하지 않았다. 자신은 물론 다른 사람들에게 상처를 주지 않기 위해 신중하고 절제된 행동을 했다.

그는 매일 일기를 씀으로써 하루하루 자신을 성찰하고 미래를 준비하는 힘을 키웠다. 자신이 바라는 현실을 만들거나 현실의 어려움을 극복하는 것은 생각과 말에 달려 있다. 즐겁고 긍정적인 생각을 하고 언제나 긍정적인 말을 해야 한다. 이순신은 '아직도', '오히려', '비록'이라는 긍정적인 단어를 사용했다. 그리고 "죽을힘으로 해낼 수 있다"라는 자세로 '신이 죽지 않는 한 적이 감히 우리를 무시하지는 못할 것'이라는 긍정의 언어를 사용했다.

그가 쓴 글에도 스스로에 대한 한없는 믿음, 자존감, 도전정신이 위기의 순간마다 기록되어 있다. 그가 불패의 승리자가 된 비결은 절대적 긍정주의 덕분이다.

목표를 향한 전력투구

32세에 비로소 무인의 길에 들어선 이순신은 54세에 노량해전에서 전사할 때까지 최선을 다해 국가에 충성했다. 이에 관한 한 가지 예를 들어본다. 원균이 칠천량해전에서 패한 후 조선 수군은 완전히 궤멸되었다. 조정은 황급히 백의종군하고 있던 이순신을 다시 삼도수군통제사로 임명했다. 남아 있는 전력은 전선 12척뿐이었다. 그러나 이순신은 절망하지 않고 이런 상황을 타개하기 위해 육로로 남행을 결단했다. 심한 고문으로 심신이 쇠약해질 대로 쇠약해진 이순신에게 이 여행은 지극히 위험한 행동이었다. 또 왜병이 언제 출몰할지 모르는 상황이었다. 하지만 이순신은 적의 동향을 살피며 이동했다. 그는 남쪽으로 가는 길에 민심을 수습했다.

피난민 수효가 줄어들고 백성이 안정을 찾기 시작했다. 이순신이 초계를 출발할 때 군관이 고작 9명이었는데 각 고을을 지나면서 흩어졌던 군인들도 모이고 의병들도 모였다. 그는 지방 현감들도 만나 그들의 협력을 이끌어냈다. 또 사용할 무기도 수습했다. 그리하여 모든 기반이 무너진 상태에서 군선 13척과 왜적선 133척이 대결한 명량해전을 대승으로 이끌어냈다. 명량해전에서도 그는 언제나 앞장을 서서 군사들을 독려하였다. 우리는 말로는 최선을 다한다고 하면서도 행동은 빈약하기 일쑤다. 그러니 바람직한 성과를 기대할 수 있겠는가.

핵심역량 키우기

'핵심역량'은 전쟁에서 승리하는 필수조건이다. 이순신은 장군으로서 필요한 '핵심역량'을 튼튼히 했다. 우선 그는 병법의 기본원리에 충실했다. 병서를 많이 읽어 병법에 능통했다. 병법에 있는 선승구전(先勝求戰), 즉 미리 이겨놓고 난 후 싸운다는 원칙을 지켰다. 기업도 승리하려면 '이길 수 있는 조건'을 미리 만들어야 한다.

이순신은 한산해전에서 학익진을 써서 왜군을 대파했다. 그는 자기 군대를 강군으로 만들기 위해 군사들에게 기초훈련을 혹독하게 했다. 또 최초로 함포전술을 고안해냈는데, 왜군과 함포전을 예상하고 그에 알맞은 전술과 함포사격 훈련, 진법을 구상했다. 이로써 군사의 수는 절대 열세였지만, 전력에서는 강군이었다. 조선해군의 주축을 이룬 판옥선은 일본 수군의 배보다 훨씬 튼튼하고 강했으며 거북선과 총통도 기능이 매우 뛰어났다.

기업도 개인도 핵심역량을 갖추어야 한다. 기업은 자금, 시설 등과 같은 물적 자원보다 경쟁자가 쉽게 모방할 수 없는 지적재산을 창출할 수 있어야 한다. 개인도 특출 나게 잘할 줄 아는 핵심역량이 한 가지는 있어야 한다. 그래야 험난한 사회에서 생존할 수 있다.

신뢰받는 인격

신뢰는 리더십에서 생명과 같은 요소다. 신뢰를 잃으면 모든 것을 잃는다. 이순신은 도덕성과 능력이 뛰어났고 절대적 신뢰를 얻었다. 그가 신뢰받았던 요인을 구체적으로 살펴본다.

- 모든 불이익과 손해를 감수하고라도 정직, 청렴함, 정의를 지켰다.
- 공과를 엄격히 구분했다. 지위여하를 막론하고 과실이 있거나 명령을 어긴 경우는 처벌했다.
- 모든 일에 솔선수범하고 지극한 정성을 다했다.
- 연전연승을 거둬 부하와 백성에게 자신감을 북돋아주었다.
- 진심을 다해 가족, 부하, 백성과 나라를 사랑했다.
- 기존의 관습과 타성에 젖지 않고 항상 새로운 일에 도전해나갔다.
- 늘 겸손했고 공로를 부하에게 돌렸다.
- '아니요'를 말할 수 있었다. 그래서 때로는 왕명도 거절했다.
- 독단적이지 않고 토의와 협력을 잘했다.
- 최악의 상황에서도 실망하지 않고 평정심과 침착함을 유지하려고 노력했다.

우리 국민은 이순신의 긍정주의 사고를 본받아야 한다. 그래야 난관을 극복할 수 있다. 또 그의 신뢰받는 인격도 본받아야 한다. 현재 한국의 신뢰도는 국제적으로 점점 추락해가고 있다. 힘써 신뢰도를 높이고 정직하지 못한 민족이라는 불명예스러운 이름을 일소해야 한다. 그래야 살길이 보인다.

윈스턴 처칠

○○◑

절대로 포기하지 마라. 절대로 포기하지 마라.
절대로, 절대로!

절대로 포기하지 마라!

윈스턴 처칠(Winston Churchill, 1874~1965)이 정치계에서 은퇴한 후 한가한 시간을 보내던 어느 날, 그는 사전 연락도 하지 않고 자기가 졸업한 초등학교를 방문했다. 그 초등학교 교장은 처칠의 의외 방문을 놀라워하면서 그를 교장실로 안내했다. 그 교장은 처칠에게 이 학교의 대선배가 오셨으니 학생들에게 귀한 말씀을 해달라고 부탁했다. 이를 허락한 처칠은 후배인 초등학생이 모두 모인 자리에서 연설을 시작했다. "여러분, 절대로 포기하지 마십시오. 절대로 포기하지 마십시오. 절대로, 절대로!"(You, never give up, never give up, never, never!) 이 연설을 하는 데는 30초도 채 안 걸렸다.

하지만 참석한 모든 학생에게 큰 감동을 안겨주었다. 그의 연설대로 '절대로 포기하지 않는다'는 말이 그의 일생을 관철한 신조였다.

마크 트웨인(Mark Twain)은 "자기 자신에 대한 생각이 자신의 운명을 만든다"라고 했다. 이는 특히 영국 수상 윈스턴 처칠에게 딱 들어맞는 말이다. 그의 절대적·긍정적 태도가 성공에 결정적 역할을 했다.

처칠은 실패한 인생의 모든 요소를 다 갖추고 있었다. 아들에게 무관심한 아버지와 바람둥이 어머니 밑에서 부모 사랑을 느끼지 못하고 자랐다. 낙제를 거듭한 학생으로 건강도 나빴고, 운도 없었고, 마음에 맞는 친구나 의지할 만한 지인도 제대로 없는 쓸쓸하고도 고달픈 인생을 살았다. 게다가 평생 폐렴과 심장마비가 건강을 위협했고 교통사고 등 각종 사고와 질병에 시달렸다. 항상 일이 꼬여 남의 의심을 사기 일쑤였고 자신이 세운 공이 한순간에 날아가는 등 운도 따르지 않았다. 수입에 비해 씀씀이도 헤퍼서 늘 빚에 쪼들렸고, 전 재산을 주식에 투자했지만 세계 경제대공황으로 다 날려버리기도 했다. 게다가 못생기고 뚱뚱한 외모에 까다롭고 고집 센 성격 등으로 지지자도 별로 없이 정치를 해나가야 했다.

그런데 도대체 무엇이 그를 성공의 길로 이끌었을까? 그는 자신의 현재와 미래를 믿고 사랑하면서 절대로 꿈을 포기하지 않았다. 포기하지 않는 정신이 그를 세계적 위인으로 만들었다. 처칠은 절대적 긍정주의의 신봉자였다. 그래서 그는 자신의 모든 결점을 인정하되 죄책감이나 열등감에 빠져 살지 않았고, 자기가 극복할 수 없는 단점도 자신의 일부로 여기며 살았다. 처칠의 성공은 인생의 황혼 무렵에 찾아왔지만 그것은 위대한 목표를 품고 일생 동안 결코 포기하지 않고 전진했기 때문이다.

처칠의 생애

처칠은 1874년 11월 30일 영국 우드스톡 블레넘궁전에서 귀족의 아들로 태어났다. 그의 아버지 랜돌프 처칠은 재무장관까지 지낸 정치가인데 46세에 병으로 세상을 떠났다. 미국인인 어머니 제니 제롬은 사교계에 출입하기를 좋아했다. 빅토리아 상류층은 자녀 양육은 보모에게 맡기고 부모 자신은 가끔 자녀들의 얼굴을 보는 것뿐이었다. 처칠은 부모가 정치계, 사교계에 몰두해서 이런 경향이 더 심했다. 그는 아일랜드에서 유모의 사랑을 받으며 자랐는데, 유모를 사랑해서 8세 때까지 그녀 곁에서 떠나는 일이 거의 없었으며, 후년에도 그녀 사진을 자기 방에 장식해뒀다.

처칠은 어렸을 때 이튼스쿨에 입학했는데 라틴어에서 계속 낙제했다. 그래서 그 학교를 그만두고 브라이튼에 있는 무명 기숙학교에 입학했다. 후에 문과에 관심을 두었고 영어와 프랑스어도 좋아했다. 수영과 승마도 했다.

삼수를 해서 힘들게 샌드허스트육군사관학교에 입학했다. 여기서도 성적이 나빠 기병으로 사관후보생이 되었다. 1894년 12월,

130명 중 20위라는 비교적 좋은 성적으로 사관학교를 졸업하고 앨더샷 주둔 경기병 제4연대에 배속되었다.

제대한 뒤 보어전쟁에서 종군기자로 활약하다 포로가 되었다. 하지만 극적으로 탈출에 성공해서 유명해졌다. 탈출과정에서 480킬로미터나 걷는 끈질긴 의지력을 발휘했다. 이 포로생활 과정을 책으로 펴내 유명해졌고, 다음 해에 하원에 출마할 기회를 얻었다.

1900년 영국 총선에서 보수당 후보로 당선, 보수당에서 자유당으로 당적을 바꾸었다. 해군장관으로 있으면서 제1차 세계대전을 맞았는데 그의 군대는 패배하고 말았다. 그는 해군장관을 사임하고 예비역 장교로 복귀했다.

독일의 히틀러가 집권에 성공하자 처칠은 독일과 전쟁에 대비해야 한다고 역설했다. 하지만 아무도 듣지 않았고 오히려 정치계에서 밀려나게 되었다. 결국 1940년 총리가 돼서 1945년까지 전쟁을 주도했다. 처음에는 패배했으나 소련과 미국을 전쟁에 끌어들였다. 1944년 6월 노르망디상륙작전에서 공세로 돌아서게 되었고, 전쟁은 연합군의 승리로 끝났다.

1951년에 처칠은 다시 총리가 되었고 1955년 은퇴했다. 그동안 회고록 집필을 했는데, 그의 회고록은 날개 돋친 듯이 팔렸다. 하루에도 25만 부가 팔렸다고 한다. 이 책으로 그는 1953년에는 노벨문학상을 받았다. 여왕에게서 카더훈장, 기사작위도 받았다. 그림도 잘 그렸고 유머도 풍부했다. 그는 인생을 즐길 줄을 알았다. 아이젠하워는 "나는 그보다 더 위대한 사람을 만난 적이 없다"라고 그를 칭송했다.

제2차 세계대전에서 승리했다

처칠의 많은 공적 가운데 한 가지만 택하려면 '제2차 세계대전 승리'라고 할 수 있다. 처칠이 없었다면 영국도 나치독일에 멸망했고 유럽 전체가 히틀러의 손아귀에 들어갔을 것이다. 그리고 세계 평화도 위협을 받았을 것이다.

나치독일이 프랑스, 벨기에, 네덜란드를 점령하며 유럽 전역으로 영역을 넓혀간 1940년 5월, 영국은 밀려드는 전쟁의 두려움에 빠져들었다. 많은 영국인이 나치독일이 내뿜는 전차소리에 두려워 떨었고, 런던주재 미국대사마저 본국 정부에 '영국은 가망이 없다'고 타전했다.

제2차 세계대전 초기 영국은 고립무원의 땅이었다. 유럽 대륙이 대부분 히틀러와 무솔리니의 손에 들어갔고 남은 건 섬나라 영국뿐이었다. 히틀러는 영국을 함락하기 위해 쉴 새 없이 런던에 폭탄을 퍼부었다.

사태를 해결하기 위해 각료회의가 여러 번 소집되었다. 장관 가운데서는 독일에 항복하자는 사람도 여럿 있었다. 국민 가운데도 그런 사람들이 상당히 있었다. 분위기가 묘하게 돌아갔다.

영국의 보수당 의원 처칠은 히틀러의 독일군이 네덜란드, 벨기에, 룩셈부르크를 돌파하고 프랑스를 향해 진격할 때인 1940년 5월 13일 의회에서 연설했다. 처칠은 여기서 "나는 피, 수고, 눈물, 땀밖에 드릴 것이 없습니다"라는 유명한 말을 남겼다.

처칠은 나치독일의 팽창력이 극에 달하고 영국의 운명이 경각에 달린 시점에서 앞으로 닥쳐올 고난과 희생의 세월에 대비하도록 국민에게 경고하고 호소했다. 처칠의 유명한 연설은 주로 영국이 위기에 처했을 때 나왔다. 처칠은 웅변으로 영어의 힘을 동원하여 영국인의 투지를 불러낸 것이다.

영국인은 패색이 짙어지자 긍정주의 정치인 처칠에게 고개를 돌렸고 '전시 총리'라는 중책을 맡겼다. 모든 지도자가 회피하던 때 총리를 맡은 처칠은 국민을 안심시키기에 충분한 일성을 내놓았다. "드디어 내가 전체적으로 명령을 내릴 권한을 지니게 됐다."

그는 위대한 연설로 국회의원을 설득하고 국민을 설득했다. 그의 연설에는 위대한 진파력이 있었다. 그는 의회에서 이렇게 연설했다.

"우리는 가장 심각한 시련을 앞두고 있습니다. 우리는 길고 긴 투쟁과 고통의 세월을 앞두고 있습니다. 여러분은 묻습니다. 당신의 정책은 무엇인가? 나는 말합니다. 육상에서, 바다에서, 하늘에서 전쟁을 수행하는 것이라고. 하느님께서 주신 우리의 모든 힘과 능력을 총동원하여 어둡고 개탄스러운 인간의 범죄목록에서도 유례가 없는 저 괴물과 같은 전제자를 상대로 전쟁을 수행하는 것, 이것이 우리 정책입니다. 여러분은 질문할 것입니다. 우리 목표는 무엇인가? 나는 한마디로 답할 수 있습니다. 그것은 승리입니다. 승리, 어떤 대가를 지불하더라도 어떤 폭력을 무릅쓰고라도 승리, 거기에 이르는 길이 아무리 멀고 험해도 승리, 승리 없이는 생존도 없기 때문에 오직 승리뿐입니다. 자, 단합된 우리의 힘을 믿고 우리 모두 전진합시다!"

전쟁이 한창일 때 공습경보 사이렌이 울리면 처칠은 대피하지 않고 폭격 상황을 보려고 건물 위로 올라가곤 했다. 고령에도 시간만 있으면 포연이 자욱한 격전지를 찾아 장병들과 시간을 보냈다.

그의 말대로 용기는 전염됐다. 공포에 시달리던 영국 국민은 총리를 보면서 평상심을 찾았고 병사들은 겁 없이 전쟁터를 찾아오는 국가 지도자를 보면서 용기를 얻었다. 외신을 타고 전 세계로 보내진 처칠의 당당한 표정은 수많은 사람을 안심시켰다.

진실한 성품의 소유자였다

처칠은 타인의 성과를 진심으로 인정했으며, 그것을 빙자하여 자기 이익을 챙기려 하지 않았다. 이런 태도는 1899년 전쟁특파원으로 참전한 남아프리카의 보어전쟁에서 잘 드러났다. 당시 처칠이 타고 가던 장갑열차가 보어인이 만들어둔 함정에 빠지자 얼굴에 부상을 입고 피를 흘리던 기관사는 당장이라도 도망치려고 했다. 그러자 처칠은 이 난국만 타개하면 용맹함에 대한 대가로 표창을 받을 것이라며 그를 설득했다. 결국 기관사는 다시 열차를 움직였고, 수많은 부상자를 안전한 곳으로 대피시키는 데 성공했다.

그런데 그 후 10년이 지나도록 군 당국에서 그 기관사에게 아무런 보상을 주지 않자 그사이 내무장관이 된 처칠은 예전의 약속을 이행하려고 나섰다. 당시 기관사와 화부에게 용감한 시민에게 수여하는 최고 훈장인 앨버트훈장을 받을 수 있도록 강력하게 힘을 쓴 것이다.

그는 자신의 품행과 관련한 공개적인 공격에는 전혀 신경 쓰지 않았다. 자신이 어떤 사람으로 비치든 별로 개의치 않았다. 브랜던 브랙컨이라는 청년이 있었다. 사람들은 그가 처칠의 아들이라고 의심했다. 이 소리를 들은 처칠은 껄껄거리며 즐거워하기까지 했다. 아내 클레멘타인이 이 소문을 추궁하자 그는 날짜를 헤아려보더니 자신이 아버지가 될 가능성은 전무하다고 대답했다. 처칠은 한 번도 바람을 피운 적이 없다고 한다. 그럼에도 선의의 농담을 위해 아내의 의심까지 감수한 것이다.

철저한 현실주의자였다

처칠은 현실주의자이기도 했다. 영국은 전쟁을 치를 자원도 없고 몇천만 명에 불과한 인구로 전쟁을 수행하려면 역부족이었다. 풍전등화와 같은 국가 운명을 살리기 위해 기댈 나라는 미국밖에 없었다.

그래서 처칠은 자존심이 강하고 독불장군이었지만 자세를 낮추고 그보다 여덟 살 아래였던 미국 프랭클린 루스벨트(Franklin Delano Roosevelt) 대통령의 환심을 사기 위해 모든 노력을 기울였다. 루스벨트가 영국에 오지 않아도 처칠은 전쟁 중에만 열 차례나 미국을 방문해서 그와 친근한 사이가 되려고 노력했고, 공식적인 회담 이외에도 그를 초대하여 함께 여행을 하는 등 성의껏 대우했다.

1939년부터 1945년까지 6년 동안 두 사람은 2,000통 이상의 편지와 전보를 주고받았는데, 그중 무려 3분의 2가 처칠이 루스벨트에게 보낸 것이라고 한다. 처칠의 목표는 달성되었다. 미국은 제2차 세계대전 파병을 결정했다. 영국을 군사적으로나 물질적으로 엄청나게 지원해서 드디어 전쟁에서 승리하도록 했다.

처칠은 이렇게 말했다. "사랑에 빠진 그 어떤 사람도 내가 루스벨트 대통령을 연구한 것만큼 철저하게 자기 애인을 연구하지는 못했을 것이다." 루스벨트의 환심을 사려고 얼마나 노력했는지 알게 하는 대목이다. 꼭 도움을 받아야 할 처지라면 그 어떤 수단을 동원해서라도 성사시키려고 해야 한다. 그것도 훌륭한 능력이다.

끊임없이 학습했다

그는 어린 시절 다른 친구에 비해 열등한 점이 너무 많았다. 하지만 최선을 다해 그 부족함을 극복하려고 했다. 부족한 교양은 독학으로 메웠고 발음상 결점도 교정했으며, 공개석상에서 느끼는 무대공포증도 이겨냈다. 그는 하루에 5시간 독서를 할 만큼 독서광이었다. 그 덕분에 많은 지식을 쌓게 되었다. 치밀한 언어교육과 글쓰기 훈련으로 탁월한 설득의 달인으로 거듭났다. 그의 문장력과 그림 실력은 프로에 가까웠다.

그는 교양인이었다. 21세기 무렵 인도에서 군복무를 하던 시절 《종의 기원》, 《로마제국 쇠망사》, 《현대과학과 현대사상》, 《염세철학입문》 등 다방면의 책을 몇 번씩이나 반복해 읽었다고 한다. 과학과 역사, 철학과 경제를 넘나드는 그의 교양은 어떤 협상 테이블에서도 밀리지 않는 판단력을 제공해줬다.

그는 감수성이 풍부한 지도자이기도 했다. 시 낭송을 좋아하고 사람들을 잘 웃겼으며, 동물 친구들과 정원 산책을 즐기고 그림 그리기를 좋아했다. 처칠이 세계인의 마음을 뒤흔드는 명연설가로, 위기에 처한 영국인에게 용기를 북돋워준 위기의 지도자로, 세계사의 운명을 바꾼 국제정치가로 성장할 수 있었던 것은 그가 자기 나름대로 쌓아올린 지성과 끈질긴 노력의 결과였다. 그는 평소에 오로지 열심히 노력하고 최선을 다하면 나쁜 것도 좋은 것으로 상쇄되고 불운도 행운으로 보상받을 수 있다고 철저히 믿었다.

처칠은 군사든지, 정치든지 싸움하기를 좋아했다. 처칠에게는 싸움이 경험을 축적하고 강인함을 얻는 것을 뜻할 뿐 아니라 자신을 개선하고 발전시키고 성장시켜나갈 기회를 의미했다. 위인은 끊임없이 학습한다.

프랭클린 루스벨트와
엘리너 루스벨트

○○◑

우리가 두려워해야 할 유일한 것은 두려움 그 자체다.
미래는 자신이 가진 꿈의 아름다움을 믿는 사람들의 것이다.

바늘과 실 같은 두 사람

프랭클린 루스벨트(1882~1945)는 32대 미국 대통령이며 엘리너 루스벨트(1884~1962)는 그의 부인이다. 두 사람은 바늘과 실의 관계다. 그래서 두 사람을 함께 다루는 것이 더 의미가 있다.

1905년 3월 17일, 루스벨트는 뉴욕시에서 인보문제(隣保問題)를 담당하던 엘리너 루스벨트와 결혼했다. 루스벨트는 경제대공황을 극복하고 제2차 세계대전을 승리로 이끈 지도자이자 미국 유일의 4선 대통령이다. 그런데 '위대한 루스벨트'의 측근 한 사람의 평가가 흥미롭다. "프랭클린 루스벨트의 90%는 바보, 10%는 엘리노어." 부인 엘리노어가 없었다면 루스벨트도 없었다는 말이다.

루스벨트는 부유한 집안에서 태어난 행운아다. 하지만 그것보다 더 큰 행운은 그가 현명한 아내 엘리너를 만난 것이다. 그녀는 루스벨트를 마치 그림자처럼 따라다니며 도왔다. 그녀가 없었다면 루스벨트는 그토록 많은 위업을 결코 달성하지 못했을 것이다. 두 사람은 모두 뛰어난 긍정주의자였다. 그들은 정책을 수행할 때 수많은 고난과 반대에 직면해도 결코 굽히는 법 없이 계획한 일을 추진했다.

루스벨트의 어린 시절

루스벨트는 1882년, 17세기에 네덜란드에서 미국으로 이주한 귀족 가문의 외아들로 태어났다. 훌륭한 가문, 부유한 가정, 다정한 부모, 세상에 부러울 것이 없던 아이였다. 아버지 제임스 루스벨트는 어린 루스벨트를 애지중지하며 키웠다. 어머니 새러 델러노는 아들이 최고 교육을 받고 다양한 취미활동을 할 수 있도록 뒷받침해주었다. 아버지와 함께 말을 타고 가족 소유의 넓은 영지를 누비며 자연을 즐겼고, 휴가 때는 최고급 기차를 통째로 빌려 여행을 다니기도 했다. 여름이면 캐나다 해역에 있는 섬에 머물며 요트를 타고 여행하는 등 서민들은 꿈도 꿀 수 없을 만큼 축복받은 어린 시절을 보냈다.

그는 미국 최고급 귀족학교인 그로턴스쿨에서 모범생으로 인정받았고, 미국 최고라는 하버드대학교에 진학해 엘리트로 성장했다.

그리고 변호사가 되어 미국 상류사회의 일원이 되었다. 그는 세상 모든 사람이 부러워할 행운아였다. 하지만 그는 교만하지 않았다. 상류층이라는 오만함도, 엘리트라는 자만심도 그에겐 없었다.

"부자는 사회에 빚을 진 사람들이다. 상류층에 속한 사람은 늘 겸손해야 하며 사회적 책임감을 지녀야 한다." 그는 평생 자신이 존경한 그로턴스쿨 교장 피버디 선생님의 가르침을 잊지 않았다. 그는 젊어서부터 노블레스 오블리주 정신이 투철했다.

그는 자신 앞에 놓인 탄탄대로를 따라 한 걸음씩 앞으로 나아갔다. 하지만 그는 자신의 성공을 향해 앞만 보고 달리는 경주마는 아니었다. 앞을 향해 달리면서도 늘 옆과 뒤를 돌아볼 줄 아는 사람이었다. 경쟁자를 이기는 데 관심을 갖기보다 경쟁에서 뒤처지는 사람들에게 관심을 가지는 사람이었다.

정치계에 입문하다

1910년 그는 정치에 첫발을 들여놓았다. 상원의원에 당선된 그는 성공을 말하는 대신 경쟁에서 밀려난 사람들의 권익을 옹호했다. 농민들과 노동자의 권리 확대 활동에 힘을 쏟았고, 개혁적인 정책을 수립하려고 능력을 집중했다.

그는 이렇게 말했다. "모두들 부자를 꿈꿉니다. 하지만 미국 경제가 영원히 호황을 누릴 수는 없습니다. 불황에 대비해야 합니다. 가난에서 벗어나지 못한 이웃을 돌아봐야 합니다." 하지만 정치 신인이었던 그의 말에 귀를 기울이는 사람은 많지 않았다. 대부분 여전히 허황되게 '부자의 꿈'에만 관심을 두었다.

미국은 조금씩 죽어가고 있었다. 하지만 대다수 미국인은 그것을 감지 못했다. 미국의 대표적인 언론사 〈뉴욕타임스〉마저 그 사실을 몰랐다. 언론뿐만 아니었다. 미국의 저명한 경제학자, 심지어 대통령까지도 몰랐다. 사실 당시 미국은 풍요의 상징이었다. 주식은 7년 동안 4배나 올랐고, 은행은 낮은 이자율로 무한정 돈을 빌려주었다. 노동자가 저축한 돈은 주식시장으로 몰려들었고 소득이 없는 사람들도 은행에서 돈을 빌려 앞 다투어 주식투자에 열을 올렸다. 모두 부자가 될 것이라는 장밋빛 희망에 부풀었다.

그러나 창고에는 판매되지 않은 상품이 쌓여갔다. 만들어놓은 물건이 팔리지 않았다. 기업들은 은행에 손을 벌렸고, 넘쳐나는 돈을 주체하지 못하던 은행들은 선심 쓰듯 낮은 이자로 돈을 빌려주었다. 1929년 9월이 되면서 호황을 누리던 주식시장에 심상치 않은 신호가 나타나기 시작했다. 그러나 대부분 경제학자는 시간이 지나면 '보이지 않는 손'이 시장의 모든 것을 해결해줄 것이라는 낙관적인 태도를 보였다.

소아마비를 극복하고 재기하다

상원의원으로 명성을 얻고 있던 1921년 8월, 잠자리에서 일어난 그는 자기 몸에 무언가 이상이 생겼음을 느꼈다. 소아마비였다. 37

세에 소아마비가 걸린다는 것은 이상한 일이었다. 그는 가까운 곳도 휠체어를 타야 이동할 수 있었다. 언론은 이제 그의 정치 생명이 끝났다고 보도했다. 절망적인 상황에서도 그는 희망과 용기를 잃지 않았다. 그 병은 좀 더 성숙한 인간으로 거듭나는 과정이 될 것이라고 스스로 다짐했다. 이때 결정적인 역할을 한 사람이 부인 엘리너였다. 그의 어머니는 그에게 은퇴하고 하이드파크로 돌아오라고 권했지만 엘리너는 오히려 정치활동을 계속하는 것이 남편의 사기진작에 도움이 될 것으로 생각했다. 그 후 그녀는 남편의 눈과 귀 역할을 했다.

루스벨트는 "나는 걷기 훈련에 충실히 임했으며, 그리하여 두 발만으로 한 시간가량 서 있을 수 있게 되었다. 하지만 여전히 목발만으로는 계단을 올라갈 수 없고, 난간을 잡아야만 가능하다. 그래도 나는 희망을 버리지 않았다"라고 말했다. 루스벨트는 웜스프링스에 머물면서 광천욕(鑛泉浴)으로 물리치료를 받았다.

1928년 그는 정계 복귀를 단행했다. 뉴욕주 주지사 선거에 출마한 것이다. 1929년 뉴욕주 지사에 당선되었다. 만일 그가 소아마비에 굴복했다면 미국과 미국 국민 역시 좌절의 구렁텅이에서 벗어나지 못했을 것이다. 그의 불굴의 의지가 보상을 받은 것이다.

그는 대통령이 된 뒤 소아마비 퇴치에 많은 기금을 지원하여 마침내 소아마비 백신을 개발하게 했다. 미국은 소아마비가 없는 나라가 되었다. 그 덕에 많은 지구인도 소아마비의 두려움에서 벗어날 수 있었다.

대통령 당선과 뉴딜정책

미국 경제에 검은 그림자가 다가오고 있었다. 1929년 10월 24일, 역사는 그날을 '암흑의 목요일'이라고 기록했다. 승승장구하던 미국 주식시장이 순식간에 무너진 것이다. 일주일이 채 지나기도 전인 10월 29일, 주식시장이 완전히 붕괴해버렸다. 역사는 이날을 '암흑의 화요일'이라고 부른다. 2주 동안 사라져버린 주식 가치는 300억 달러에 달했다. 이는 세계대공황의 시작을 의미했다.

부자의 꿈은 이미 산산조각 났다. 미국인은 공포에 떨기 시작했다. 아무도 믿을 수 없었다. 중앙은행이 통화 공급을 대폭 줄이자 은행 대출이자가 치솟았고, 자금이 부족한 기업들은 돈을 구하지 못해 투자를 포기하고 문을 닫았다. 실업률 25%, 농산물 가격 60% 폭락. 도심 곳곳에는 일자리를 잃은 실업자들이 노숙자가 되어 뒷골목을 배회했다. 농부들이 수확한 농산물이 팔리지 않았다. 일자리를 잃은 사람들은 먹을 것이 없어서 굶는데 농산물은 창고에서 썩어갔다. 하지만 아무도 해결책을 내놓지 못했다. 부자로 만들어주겠다던 정치인은 모두 자취를 감췄다. 사람들은 그때 루스벨트가 경고했던 말을 상기했다.

1932년 대통령선거의 쟁점은 경제대공황이었다. 민주당 대통령 후보가 된 루스벨트는 미국 전역을 돌며 '뉴딜'로 이름 붙여진 경제

부흥 및 개혁안의 윤곽을 자신 있게 설명했다. 그는 샌프란시스코 유세에서 "민간기업의 활동은 사회적 책임을 수반한다"라고 역설했다. 이와 같은 정책안은 호소력이 있었고 그는 진보적인 서부지역 공화당원들의 지지까지 얻어냄으로써 마침내 공화당 대통령후보인 후버를 물리쳤다. 민주당은 의회에서도 절대다수 의석을 차지했다.

이 무렵 은행은 대부분 문을 닫았고 산업생산은 1929년의 56% 수준으로 하락해 있었으며, 1,300만 이상이 실직한 상태에서 농민들은 궁핍한 생활을 하고 있었다.

사태 해결의 갈피를 잡지 못하던 의회 지도자들은 루스벨트의 새로운 대안에 기대를 걸 수밖에 없었다. 취임연설에서 신속하고 과감한 조치를 약속한 루스벨트는 다음과 같이 자신의 굳은 의지를 밝혔다. "위대한 미국은 이미 과거에 그래왔던 것처럼 역경을 극복하고 살아남을 것이며 번영을 이룰 것입니다. 우리가 경계해야 할 것은 두려움 그 자체일 뿐입니다." 삽시간에 모든 정치세력이 대통령의 동맹자가 되었고 루스벨트는 미국 역사상 가장 광범위한 평화 시 법률제정 작업에 돌입했다.

루스벨트는 자신이 주장한 뉴딜(New Deal)정책을 실행했다. 이 정책에서는 정부가 막대한 돈을 빌려 공공사업을 벌이고 댐 공사나 발전소 건립, 철도·항만·공항건설에 실업자를 채용하여 급여를 준다. 그러면 노동자들은 소비할 것이고, 소비가 이루어지면 경제가 돌아간다는 이론이다. 그러나 이것은 어디까지나 이론이었지 국민의 공감을 얻지 못하면 말 그대로 휴지 조각에 불과한 것이었다.

루스벨트는 취임한 지 8일 만에 라디오에서 그 유명한 노변정담(Fireside chat)을 시작했다. 노변정담은 난롯가에서 나누는 정다운 이야기라는 뜻으로 딱딱하게 인쇄된 담화문을 읽거나 애걸복걸 우는 소리를 하는 것이 아니다. 그냥 루스벨트가 옆에 있는 친구에게 말하듯이 친근하게 이야기하는 것이다. "좋은 밤입니다. 친구들…"로 시작되는 그의 진솔함에 국민은 마음을 열었고, 루스벨트의 뉴딜정책에 믿음을 가지기 시작했다.

사람들은 공황이 오면 장래가 불안하여 돈이나 금은 같은 보물을 집 안에 감추기에 급급하다. 그러나 루스벨트의 따뜻한 이야기를 들은 사람들은 하루에도 몇백 미터씩 은행 앞에서 줄을 섰다. 은행에 돈이 있어야 가라앉은 풍선을 띄울 수 있었다. 이윽고 경제는 살아났고 미국 국민은 다시 부를 얻을 수 있었다.

루스벨트는 대공황을 뉴딜정책과 국민의 힘으로 슬기롭게 극복하였다. 1935년 제2차 뉴딜을 실시하였고 1936년 대통령선거에서 루스벨트가 61% 지지로 당선되었다. 1940년에 3선, 1944년에 4선을 했다. 미국 역사상 처음이자 마지막으로 네 번 연거푸 대통령에 당선된 인물이 되었다.

제2차 세계대전의 발발과 승리

1941년 12월 7일 새벽, 일본이 진주만을 기습 공격했다. 루스벨트는 즉시 전쟁을 선포하고 맥아더 장군을 극동사령관으로, 아이젠하워 장군을 유럽사령관으로 임명하고 전쟁을 지휘했다. 진주만 공습으로 위기에 처했던 미국은 루스벨트 대통령의 단호하고 신속한 조치로 전쟁에서 유리한 위치를 점하기 시작했다. 전쟁의 위기에서도 미국 국민은 루스벨트 대통령을 신뢰했다. 루스벨트 스스로 모범을 보였기 때문이다.

말이 전쟁이지 징병되어 나가면 반은 죽고 반은 살 정도로 피해가 심각했다. 징집되어 기차역에 나온 많은 젊은이와 그의 가족으로 기차역 부근은 인산인해를 이루었다. 그 많은 사람 가운데 다리를 절면서 뜨거운 커피를 나누어주는 사람이 있었다. 전쟁터에 나가는 젊은이들을 위로하며 응원한 노신사는 바로 루스벨트 대통령이었다.

루스벨트에게는 아들이 네 명 있다. 그는 아들을 모두 전쟁에 참가하도록 했다. 그들은 모두 가장 위험한 최전선에서 복무하면서 큰 공을 세웠다. 큰아들 제임스는 고도근시로 눈이 매우 나빴고, 위를 절반이나 잘라내는 수술을 받았다. 게다가 선천적인 평발이어서 군대 면제 대상이었는데도 해병대에 자원입대했다. 그는 전투화 대신 운동화를 신고 참전하였다. 노블레스 오블리주의 모범을 보인 것이다. "대통령 아들이 수술을 받고도 전쟁터로 나갔단다. 우리도 싸우자!" 대통령 아들들의 참전소식이 전해지자 국민은 더욱더 참전 의지를 강하게 다질 수 있었다.

전쟁 승리가 코앞에 와 있었다. 하지만 루스벨트의 건강은 몹시 악화되었다. 1945년 4월 12일 오후 3시 35분, 루스벨트는 다음 날 발표할 연설문을 작성하던 중이었다. 백악관 대통령 집무실에 비상이 걸렸다. 루스벨트 대통령이 갑자기 쓰러진 것이다. 급성 뇌출혈이었다. 그는 다시 깨어나지 못했다. 그의 마지막 말은 이것이다. "내일의 실현을 방해할 수 있는 것은 단 하나, 바로 오늘의 의심입니다. 강하고 굳센 믿음으로 전진합시다."

후세 사람들은 그를 "세계대공황을 극복한 사람, 제2차 세계대전을 승리로 이끈 지도자, 모든 일에 긍정적이었던 사람, 장애를 딛고 일어서 미래를 꿈꾸었던 사람, 항상 어려운 사람과 친구가 되고자 했던 사람!"으로 평가한다. 그의 생애가 잘 요약된 말이다.

엘리너 루스벨트

엘리너는 12년 동안 대통령 부인(1933~1945)으로서 유례없는 폭넓은 활동과 자유주의 예찬으로 남편 버금가는 위대한 인물이 되었다. 엘리너는 미국 역사상 가장 존경받는 여성이다. 심리학자 에이브러햄 매슬로(Abraham H. Maslow)는 그녀를 '지구에서 자아실현을 한 위인 9명' 중 한 사람으로 꼽았다. "사람은 베풀기를 그만둘 때 죽기 시작한다"라는 명구의 주인공으로도 유명하다. 세간의 존경을 받는 이유도 바로 여기에 있다.

그녀는 열 살 때 고아가 되었다. 그녀의 어린 시절은 불우했다. 한 끼 식사를 해결하기 위해 혹독한 노동을 해야만 할 때도 있었다. 그녀는 돈을 땀과 눈물의 종이쪽지라고 불렀다.

그런데 그녀에게는 매우 좋은 성품이 있었다. 그녀의 표정은 항상 '매우 맑음'이었다. 그 밝은 표정으로 주위 사람들을 항상 즐겁게 해주었다. 또 그녀는 어떤 절망적인 상황에서도 비관적인 언어를 사용하지 않았다. 긍정적인 인생관을 지니고 있었던 것이다.

어머니가 되어 여섯 자녀 중 한 아이가 숨을 거뒀을 때도 슬픔을 억제하고 "아직 내가 사랑할 수 있는 아이가 다섯이나 있는데요"라고 말했다.

남편이 다리를 못 써 휠체어 인생이 됐을 때 "불구인 나를 아직도 사랑하오?"라고 묻자 "내가 언제 당신 다리만 사랑했나요? 당신의 모든 것을 사랑하지요"라고 대답했다.

평생에 걸친 헌신

엘리너는 소아마비에 걸려 정치를 포기하려는 남편에게 용기를 불어넣어 백악관에 입성하고는 소외된 국민을 위해 뛰어다녔다. 엘리너는 남편이 사망할 때까지 남편을 위해 세밀한 보살핌을 계속했으며 이것이 장차 그녀가 활발한 정치·사회 활동을 펼치는 계기가 되었다.

남편이 죽은 뒤 엘리너의 활동은 더 활발하게 계속되었다. 중대 사건이 발생하면 제일 먼저 와 있는 사람이 바로 엘리너였다. 그는 흑인들을 무척 사랑했는데 '흑인보다 더 흑인을 사랑한 백인'이라는 별명이 붙을 정도였다. 국내 활동뿐 아니라 국제 활동도 많이 하여 큰 성과를 거두었다. 저술과 강연활동도 활발하게 했다. 그녀는 트루먼 대통령 시절에 대통령보다 더 인기가 높았다고 한다. 즉 미국에서 가장 인기가 높은 인물이었다. 그녀는 1962년 77세로 세상을 떠났다.

다음은 그녀가 남편이 생존했을 때 그에게 보낸 서신이다. 남편에게 조언하는 그녀의 마음을 잘 읽을 수 있다.

많은 사람이 당신의 삶을 스쳐 지나갑니다.
그러나 진정한 친구들만이 당신 마음속에 발자국을 남기지요.
스스로를 조절하려면 당신의 머리를 사용해야 하고,
다른 이들을 조절하려면 당신의 마음을 사용해야 하지요.
노여움(anger)이란 위험(D-anger)에서 d 한 글자가 빠진 것입니다.
누군가가 당신을 처음 배신했다면 그건 그의 과실이지만,
그가 또다시 당신을 배신했다면 그땐 당신의 과실입니다.
커다란 마음으로는 이상에 대해 토론하고
중간의 마음으로는 사건에 대해 토론하고
작은 마음으로는 사람에 대해 토론합니다.

돈을 잃은 자는 많이 잃은 것이며,

친구를 잃은 자는 더 많은 것을 잃은 것이며,

신의를 잃은 자는 모든 것을 잃은 것입니다.

아름다운 젊음은 우연한 자연현상이지만

아름다운 노년은 예술작품입니다.

어제는 역사이고 내일은 미스터리이며 오늘은 선물입니다.

오프라 윈프리

○○◑
조금도 위험을 감수하지 않는 것이
가장 위험한 일일 것이라 믿는다.

전형적인 긍정주의자의 어린 시절

오프라 윈프리는 진정한 인간승리의 표본이 되는 인물이다. 그야말로 가난과 절망을 딛고 전 세계 흑인 여성 중 가장 성공한 인물이자 여성으로서 세계적으로 부와 명예를 가진 인물이 되었다. 오프라는 이렇게 말했다. "삶을 이끄는 것은 당신 자신입니다. 나는 실패를 믿지 않습니다. 과정을 즐겼다면 그것은 실패가 아닙니다. 나도 해냈으니 당신도 할 수 있습니다. 나는 나 자신을 성공으로 이끌었고, 당신도 성공을 만들어낼 수 있습니다. 우리는 할 수 있습니다."

오프라는 전형적인 긍정주의자라고 할 수 있다.

오프라는 미국 미시시피강 근처에 있던 가난한 흑인 마을 코시우스코에서 미혼모의 딸로 태어났다. 짧은 곱슬머리에 피부가 까만 그녀는 여섯 살 때까지 외할머니와 함께 살았다. 오프라가 태어났을 때 엄마는 겨우 18세에 불과했는데, 가정부로 생계를 해결하기 바빠서 아이를 돌볼 여력이 없었다. 오프라가 어릴 때 살던 집은 화장실도 집 밖에 있을 정도로 초라했고, 놀 친구나 장난감이 없어서 옥수숫대로 만든 인형을 가지고 혼자 놀았다.

오프라는 세 살 때부터 뛰어난 말재간과 암기력을 보여 동네 어른들의 귀여움을 독차지했다. 하지만 조숙한 아이들이 그렇듯 혹독한 사춘기를 겪어야만 했다. 아홉 살 때는 사촌오빠나 삼촌에게 성폭행을 당했으며 열네 살 때 미혼모가 되었지만 아들이 태어난 지 2주 만에 죽는 고통을 겪었다. 기구한 세월을 견뎌내기 어려워 자살도 생각했고 마약이나 담배로 현실을 잊고자 했다. 한때는 폭식으로 몸무게가 엄청 나가기도 했다.

영리한 덕분에 정부의 지원을 받아 니콜렛고등학교에 입학했지만, 그곳에서 만난 수많은 백인 상류층 친구의 삶에 비해 한없이 초라하고 가난한 자신의 현실에 낙담해 열등감과 자괴감을 느낄 수밖에 없었다.

오프라는 중산층 흑인 학생들이 다니는 내슈빌고등학교로 전학을 갔고, 그곳에서 연극반이나 토론클럽 같은 활동을 적극적으로 했다. 고등학생 때 라디오 프로에서 일을 얻었고 열아홉 살에 지역

저녁 뉴스의 공동 뉴스캐스터를 시작했다. 그러나 뉴스에 감정을 실어서 전달한다는 이유로 8개월 만에 해고되었다. 이후 즉흥적 감정 전달 덕분에 그의 활동무대는 낮 시간대의 토크쇼로 옮겨졌다.

이 당시 지역방송 토크쇼에 나와 인터뷰를 했는데 "당신이 만약에 100만 달러를 상금으로 받게 된다면 뭘 하겠소?"라는 질문에 다른 토크쇼 참가자들은 저축한다느니 보통 생각대로 말을 한 반면 오프라는 "마음껏 쓸 거예요. 저를 위해서 말이죠"라고 답했다. 진행자가 "하지만 그다음은요? 돈은 쓰면 벌기 어렵지 않아요?"라고 하자 "그만큼 벌 자신이 있습니다"라고 말했다. 그 진행자는 그때는 헛소리라고 생각했는데 그로부터 20년도 되지 않아 오프라가 엄청난 부자가 된 걸 보고 근거 없던 헛소리가 아니었다고 회고했다.

오프라는 WVAC 텔레비전 방송국 앵커로 채용되었다. 그리고 더 나아가 미국에서 10대 방송에 드는 WJZ 텔레비전 앵커로 진출했다.

1983년 오프라는 시카고에서 시청률이 낮은 30분짜리 아침 토크쇼인 에이엠 시카고(AM Chicago) 진행자가 되었다. 당시 AM Chicago는 가장 낮은 시청률을 기록하던 프로로, 당연히 오래가지 못하리라 생각했던 방송이었다. 그런데 한 달 만에 같은 시간대 시청률 1위로 올라섰다. 그리고 1986년에는 이 프로그램 이름까지 '오프라 윈프리 쇼'로 바뀌었고 미국 전역에 동시 방송되기 시작했다. 이후 당대 미국 최고 토크쇼로 손꼽히던 '필 도나후 쇼'의 시청률을 누르게 된다. 또 1988년에는 영화제작 스튜디오, 잡지 발행사와 촬영장을 두루 갖춘 9,000평(약 2만 9,752제곱미터) 규모의 하포 스튜디오(Harpo Studio)를 설립하며 미디어 사업가로서 큰 성공을 거두게 된다. 그동안 오프라의 토크 쇼에는 3만 명이 넘는 참가자가 나왔으며 운동선수, 연예인부터 대통령, 정치인, 종교인, 예술가 등 온갖 사람이 나오면서 세계적인 '대박'을 거뒀다. 25년간 총 5,000회 방송, 미국 내 시청자 수 2,200만 명, 전 세계 140개국 방영, 일일 시청자 수 700만 명이라는 기록을 세웠다.

어린 시절 그에게 긍정적 영향을 준 일들

어린 시절 경험이 일생에 큰 영향을 미친다. 오프라는 비록 불우한 환경에서 태어나 극심하게 고생하며 지냈지만 다행스럽게도 미래에 영향을 미칠 몇 가지 긍정적인 경험을 했다.

첫째는 어려서 어휘력을 많이 길렀다. 오프라는 성경읽기와 암송하기를 좋아했다. 세 살 때부터 교회에 열심히 다닌 오프라는 성경구절을 많이 암송하였고 자신의 암송실력을 여러 사람 앞에서 발표하곤 했다. 또 뛰어난 말재간과 암기력을 사람들에게 보여주었다. 외할머니의 애정 어린 교육으로 또래아이들보다 월등히 높은 어휘력을 갖추게 되었다.

둘째는 독서를 많이 했다. 많은 책을 읽으면서 좌절을 극복해나갔다. 오프라는 나중에 "독서가 내 인생을 바꿨다"라고 말했다. 어린 시절 가난 때문에 방황한 오프라는 아버지 지갑에서 돈을 3달러 훔쳤다. 이것을 안 아버지는 방황하는 딸에게 일주일에 책 한 권을 읽자는 약속을 했다. 오프라는 책을 읽으면서 자신의 인생에 가능성이 있다는 것을 깨달았다. 오프라는 나중에 미국 전역에서 책읽기 열풍이 일어나게 하는 주역이 되었다.

셋째는 어려서부터 교회에 다니면서 신앙심과 고귀한 가치관을 키울 수 있었다. 오프라는 후에 '사명'이라는 글을 썼는데 여기에는 그녀의 기독교 가치관이 녹아 있다. 그녀의 긍정적인 가치관에 영향을 미친 것은 교회 교육이었다.

오프라는 "과거는 미래를 결정짓는 요소가 될 수 없다"라고 단호하게 말했다. 가난함도 부유함도 꿈도 근심도 자신에게 부담이 가는 모든 것을 사명으로 만들었고, 이 사명감이 오늘의 자신을 만들었다고 했다. 오프라는 사람들이 인생에서 가장 얻고 싶다는 인기와 존경, 돈을 모두 가진 여성이 되었다.

【오프라 윈프리의 공적】

- 미국 내 시청자만 2,200만 명에 달하고 세계 140개국에서 방영된 '오프라 윈프리 쇼'를 25년간 진행하다.

- 1998년과 2000년에 이어 미국인이 가장 좋아하는 텔레비전 방송인으로 뽑히다(2003년 초 실시된 해리스 여론조사).
- 흑인 여성 최초로 경제전문지 〈포브스〉로부터 재산 10억 달러 이상 부자 중 한 사람으로 선정되다.
- 흑인 최초로 〈보그〉 패션모델이 되다.
- 2012년까지 4년 연속 〈포브스〉 고수익 유명인 1위에 오르다.
- 2005년 국제 에미상 방송인상 수상
- 2012년 아카데미 시상식 평생공로상 수상
- 2008년 버락 오바마 미국 대통령의 대선캠프에 참가해 선거운동 펼치다.

감사 일기

오프라 윈프리의 가장 큰 성공비결은 책읽기와 감사 일기에 있다. 어릴 적부터 책 읽기를 좋아한 오프라는 친구가 없어서 강아지에게 성경을 읽어주기도 했다. 그리고 언제부터인가 하루 동안 일어난 일 중 감사한 일 다섯 가지를 찾아 기록하는 감사 일기를 쓰기 시작했는데 이를 하루도 빼놓지 않았다.

오프라는 하루 동안 일어난 일 중 감사한 일 다섯 가지를 찾아 기록했다. 감사 내용은 거창하거나 화려하지 않고 지극히 일상적이었다.

"오늘도 거뜬하게 잠자리에서 일어날 수 있어서 감사합니다."

"유난히 눈부시고 파란 하늘을 보게 해주셔서 감사합니다."

"점심 때 맛있는 스파게티를 먹게 해주셔서 감사합니다."

"얄미운 짓을 한 동료에게 화내지 않은 참을성에 감사합니다."

"좋은 책을 읽었는데 그 책을 써준 작가에게 감사합니다."

그녀가 감사 일기를 쓰는 방식은 이렇다.

- 자기 마음에 쏙 드는 노트를 마련한다.
- 감사할 일이 생기면 언제 어디서든 기록한다.
- 아침에 일어날 때나 저녁에 잠자리에 들 때, 언제든 하루를 돌아 보며 감사의 제목을 찾아 기록하는 시간을 갖는다.
- 거창한 데서 감사의 제목을 찾기보다 일상의 소박한 제목을 놓치 지 않는다.
- 사람들을 만날 때 그 사람에게서 받은 느낌, 만남이 가져다준 기 쁨 등을 기록한다.
- 교회나 학교에서 '윈프리 일기 쓰기 모임'을 만들어 함께 쓴다.
- 버스에 있거나 혼자 공공장소에 있을 때 감사 제목을 훑어본다.
- 정기적으로 감사 기록을 나누고 격려한다.
- 나의 감사 제목이 어떻게 변화하는지 지켜본다.
- 카페나 정원 등 나만의 조용하고 편안한 장소를 선택해 자주 그 곳에 앉아 감사 일기를 쓴다.

그녀는 이렇게 말했다.

"항상 감사한 마음을 가지기는 쉽지 않다. 하지만 당신이 가장 덜 감사할 때가 바로 감사함이 가져다줄 선물이 가장 필요할 때다. 감사하게 되면 내가 처한 상황을 객관적으로 멀리서 바라보게 된다. 그뿐만 아니라 어떤 상황이라도 바꿀 수 있다. 감사한 마음을 가지면 당신의 주파수가 변하고 부정적 에너지가 긍정적 에너지로 바뀐다. 감사하는 것이야말로 당신 일상을 바꿀 수 있는 가장 빠르고 쉬우며 강력한 방법이다."

"감사에서 두 가지를 배웠다. 첫째는 인생에서 무엇이 소중한지를, 둘째는 삶의 초점을 어디에 맞추어야 하는지를 배웠다."

오프라 윈프리를 빛나게 하는 다섯 가지 대화법

오프라 윈프리는 어떻게 토크쇼의 여왕이 되었을까? 그녀의 대화법 다섯 가지를 살펴보자.

다른 사람의 아픔에 공감한다 그녀는 아무리 가혹한 시련 가운데 서 있는 사람에게도 "나는 당신이 겪는 고통을 알고 있다"라는 태도로 말한다. 다른 사람의 아픔을 함께하면서 그의 공감을 얻는다.

진지하게 듣는다 그녀는 작은 일도 생략하거나 넘겨짚지 않고 진지한 반응을 보인다. 재미있는 말에는 발을 동동 구르며 웃고, 슬픈 이야기에는 눈물을 흘리며 함께 슬퍼한다.

긍정적으로 말한다 그녀는 '안 된다'보다는 '노력해보겠다.' '틀렸다'보다는 '다시 생각해볼 여지가 많다.' '나쁘다'보다는 '좋지 않다'고 말하면서 호감을 준다.

정직하고 솔직하게 말한다 그녀는 기쁨도 그 크기대로, 고통도 그크기대로 말한다. 사람들이 그녀를 주목하게 된 것은 그녀가 과거를 고백할 때 항상 정직하고 솔직한 자세로 말했기 때문이다.

사랑스럽고 따뜻한 표정을 짓는다 그녀는 사랑스럽고 따뜻한 표정으로 말한다. 감정표현을 자제해 무표정하지 않다. 상대방에게 행복의 메시지를 전달하여 말의 설득력을 높인다. 사랑스럽고 따뜻한표정으로 말한다.

오프라 윈프리의 자동차 선물

2004년 9월 15일, 그는 자신의 프로그램이 19주년인 것을 기념하여 자동차가 꼭 필요한 사연을 보낸 방청객 276명을 초청해 방송을 진행했다. 나도 텔레비전에서 그 장면을 본 적이 있다.

방청객의 많은 사연 중에는 '서부 개척시대 총잡이들이 몰던 것과 같은 차를 타고 다니고 있다'거나 '40만 마일(약 64만 킬로미터)이나 운전한 고물차'와 낡은 차가 자주 고장 나 수업에 지각한다는 사연을 보낸 교사도 있었다. 오프라가 그중 12명에게 차를 선물한다고 했는데 방청객들이 이 말을 듣고 모두 그 주인공이 되기를 바랐다. 열한 번째까지 자동차를 받는 모습을 보면서, 아직 받지 못한 방청객들은 부러워하고 아쉬워했다.

그러나 더 큰 반전은 다음 순간 있었다. 오프라는 마지막 열두 번째 자동차 선물이라며 나머지 방청객에게 선물상자를 주었다. 그러면서 오프라는 "여기 상자 중 하나에만 차키가 들어 있다"라고 설명했다. 그런데 카운트에 맞춰 상자를 여는 순간, 놀랍게도 모든 상자에 차키가 들어 있었다. 오프라는 곧 앞에 있는 방청객을 손으로 찍으면서 이렇게 말했다.

"You get a car!(당신은 차를 가졌습니다!)"

그 순간 그곳은 감동의 분위기로 휩싸였다.

이 프로그램이 방영된 이후 미국 전역에서는 '자동차 대박경품'이 온통 화제가 되었다. 그도 그럴 것이 최고 2만 8,000달러, 우리 돈으로 환산하면 3,300만 원에 가까운 고급 자동차를 방청객 276명 전원에게 주었으니 말이다. 우리 같은 사람은 도저히 상상이 안 가는 이벤트였다.

사실 이 선물은 신차 광고 효과를 노린 포드사에서 전량 기증한 것이다. 이 선물은 약 800만 달러어치로 당시까지는 미국 텔레비전 역사상 가장 큰 규모의 경품이었다. 이 행사는 중요한 메시지를 전달한다. 그것은 꿈을 품고 간절히 원하면 이루어진다는 메시지다.

만약 당신에게 이런 기회가 주어졌다면 엽서를 보냈을까? 분명

오프라는 자동차가 꼭 필요한 사람에게 엽서를 보내라고 했다. 그러나 엄청난 인구를 자랑하는 미국이라는 나라에서 단지 276명만이 엽서를 보냈다.

많은 사람이 이런 이벤트가 있다는 것을 알아도 간절히 원하지 않았고, 믿지도 않았다. 하지만 오프라가 보여주고 싶었던 것은 누구든 간절한 꿈을 품고 그것이 이루어질 것이라는 믿음이 있으면 이루어진다는 것이다. 즉 꿈과 믿음의 능력을 실증하고자 한 것이다.

이 밖에도 그녀는 많은 일화를 탄생시켰다. 1988년 오프라 윈프리 쇼 방송에서 다이어트 선언 4개월 만에 30킬로그램을 감량한 것, 이 경험을 책으로 써서 베스트셀러가 된 것, 그녀의 노력으로 성폭행 및 학대 근절을 위한 국가아동보호법을 통과시킨 것, 스탠퍼드대학교 졸업식에 참석하여 명 축사를 한 것, 전 세계에 초호화 별장을 10개나 가지고 있는 것, 몇 년 전에는 오바마 대통령 부부를 초대해 함께 여름휴가를 보낸 것 등 일화가 많다.

마쓰시타 고노스케

마쓰시타 고노스케는 어떤 사람인가

마쓰시타 고노스케(1894~1989)는 노사협조 · 인재중시 · 종신고용 등 일본 제조업 전성기를 꽃피웠던 이른바 '일본형 경영'의 창시자다. 그는 부친의 사업실패로 아홉 살 때 학교를 중퇴하고 박봉의 견습사원으로 일하다 1918년 24세 때 자본금 100엔으로 쌍소켓을 제조하는 마쓰시타 전기를 창업했다. 1년에 절반은 누워 있어야 할 정도로 약골이었지만 그는 독자적 경영이념과 수완으로 급성장을 일궈냈다.

1989년 95세로 사망할 때 그의 회사는 내셔널(National)과 파나소닉(Panasonic) 브랜드로 세계시장을 주름잡으며 종업원 13만 명에 세계 20위 다국적 기업으로 성장했다. 그는 일본에서 1,000년간 가장 위대한 경제인(《아사히신문》 설문조사)으로 추앙받고 있다.

마쓰시타는 3남 5녀 8형제 중 막내로 태어났다. 아버지는 할아버지에게서 물려받은 토지가 많은 부농이었다. 하지만 마쓰시타가 네 살 되던 해에 부친은 쌀 선물거래에 투자했다가 모든 재산을 날려버렸다. 마쓰시타는 아홉 살 때 화로를 만들어 파는 오사카의 상점에 심부름꾼으로 취직했지만 3개월 만에 그만두었다. 그는 자전거 점포로 옮겨 5년 정도 일했다.

자전거를 타고 오사카 시내를 돌아다니던 그는 전차를 보고 전기에 호기심을 갖게 되었다. 그리고 지인의 소개로 오사카전등의 옥내배선 부서에 취직했다. 그의 나이 열네 살 때였다. 4주간 수습기간을 거친 후 견습공으로 옥내배선 공사를 직접 할 수 있었다. 3개월이 지난 뒤 견습공에서 직공으로 승진했다. 그는 대저택의 배선공사, 극장의 조명시설, 해수욕장 무대의 임시조명시설 등 대형공사를 담당하여 실력을 발휘했다. 그는 성심성의로 전기공사 업무에 열중했다.

긍정의 화신

그는 긍정의 화신이다. 다음 일화가 이를 잘 보여준다.

마쓰시타는 아홉 살 때 홀로 야간열차에 몸을 싣고 오사카로 떠났다. 초등학교 다닐 나이에 집을 떠나 일하러 간 것이다. 나중에 한 기자가 그 시절에 대해 물어보았다. "외롭지 않았나요?" "그게 태어나 처음 탄 전차야. 무척 신기하고 흥분돼 잠잘 기분도 아니었지." 기자가 또 물었다. "수습사환일 때는 주인집 아기도 돌보셨잖아요? 힘들지 않았나요?" "울 땐 사탕이라도 물리면 그친다는 것을 알았지. 아이를 등에 업고 내가 좋아하는 기계를 쳐다보면서 지내는 매일이 즐거웠어." 기자가 이번에는 이렇게 물어보았다. "전등회사에서 일하던 시절, 한여름 무더위에 지붕 밑 다락방에서 웅크리고 지낼 때는 지겹지 않았나요?" "지붕 밑 다락방은 정말 덥지. 하지만 거기에서 밖으로 나왔을 때의 상쾌함은 무엇과도 바꿀 수 없는 최고 기분이었어." 기자는 더 질문하지 않았다. 무엇을 물어도 그는 '힘들었어', '싫었어'라고 하지 않는다는 것을 알았기 때문이다.

그는 일생 중 만난 세 가지 행운에 대해 이렇게 말했다.

첫째, 열한 살에 조실부모했다. 그래서 철이 일찍 드는 행운을 얻었다.

둘째, 어려서 건강이 안 좋았다. 그래서 건강에 겸손하게 되는 행운을 얻었다.

셋째, 초등학교 4학년 때 중퇴했다. 그래서 배움에 겸손하게 되는 행운을 얻었다.

남들은 모두 불행이라고 생각하는 것을 그는 하느님이 주신 세 가지 은혜라고 말했다. 그는 이렇게 부언했다.

"몹시 가난해서 어릴 때부터 구두닦이, 신문팔이를 하면서 많은 경험을 쌓을 수 있었고, 태어났을 때부터 몸이 너무 약해 항상 운동에 힘써왔으며, 초등학교도 못 다녔기 때문에 세상의 모든 사람을 다 스승으로 여기고 열심히 배우는 일을 게을리하지 않았다."

역경을 하늘이 내린 선물로 삼아 세계 최고 리더로 성장한 비범함은 그가 얼마나 긍정주의자인지 명확히 알려준다. 그는 직원들에게 수시로 "감옥과 수도원의 차이가 있다면 '불평을 하느냐, 감사를 하느냐' 하는 것뿐이다. 감옥이라도 감사를 하면 수도원이 될 수 있다"면서 긍정적으로 사고하라고 주문했다.

위대한 경영자

마쓰시타는 아주 평범한 인간이었다. 그런 그가 세계 최고 기업가의 반열에 오른 비결은 경영과 리더십의 본질을 제대로 알고 실천했기 때문이다. 마쓰시타는 기업 이윤의 원천은 인간에게 있으므로 비즈니스는 마음의 게임이며 사람들의 잠재능력을 극대화하는 것, 즉 모든 종업원의 능력을 마지막 1%까지 완전히 발휘하도록 하는 것이야말로 경영의 핵심이라고 생각했다. 그는 타인 존중, 인재양성, 겸손 등 인간존중 경영의 실천적 모델이었다. 그의 인간에 대한 긍정적 태도를 잘 알 수 있다.

미국발 대공황 여파에 1929년 일본의 겨울은 혹독했다. 한 계열사가 위기를 맞았다. 35세였던 마쓰시타는 직원들을 모았다. "근무를 반나절로 줄인다. 매주 이틀은 휴무다. 생산도 반으로 감축하겠다." 모두 숨을 죽였다. "드디어 해고와 임금 삭감이구나." 그러나 사장은 월급 전액지급을 약속했다. 감격한 종업원의 가족까지 판매에 나섰다. 휴일도 잊었다. 두 달 만에 재고가 소진되고 공장은 정상으로 돌아섰다.

사람 다루는 솜씨가 능숙하다는 주위의 평에 마쓰시타는 다음과 같이 말했다. "나는 결코 그런 사람이 아니라고 생각하지만, 이유를 생각해보니 짐작되는 것이 하나 있다. 그것은 부하직원 모두가 나보다 위대하게 보였다는 것이다. 모두 나보다 배운 것이 많고 재능이 많은 훌륭한 사람이라는 생각이 들었다."

패전 이후 정착된 자유민주주의 체제하에서는 기업주, 사장, 종업원은 모두 인간으로서 평등하고 사장의 지시라고 해서 맹목적으로 따라야 하는 것이 아니라는 새로운 의식이 대두했다. 이렇게 달라진 사회풍조에서는 종업원을 보는 시각이 달라져야 했다. 마쓰시타는 스스로 변화했다. 그는 종업원을 대하는 태도를 바꿨다. 종업원을 부린다는 태도가 아니라 종업원은 '내 일'을 '나 대신' 해주는 소중한 존재라고 인식했다. 업무를 지시할 때 형태상으로는 '이렇게 하라', '저렇게 하라'고 명령하더라도 실질적으로는 '이렇게 해주시길 부탁드립니다'라고 말하는 마음을 가지려고 노력했다. 그는 그런 변화를 항시 마음속에 두지 않고는 사장이라는 직책을 맡을 수 없다고 술회했다.

마쓰시타는 이렇게 말했다. "종업원을 키우기 위해 부하가 자유로이 의견을 개진할 수 있는 분위기를 만들면서 부하 의견에도 충분히 귀 기울이고 그것을 적극적으로 다루는 태도는 정말 중요하다. 이를 잘하면 회사의 역량과 중지를 모으게 되고 중지가 모이면 상사 혼자의 생각이나 재주로 임하는 것보다 훨씬 더 높은 성과를 올릴 수 있다. 그래서 부하 의견에 귀 기울이는 사람 아래서는 종업원도 성장하고 일의 성과도 오르는 선순환 구조가 만들어진다."

"기업의 목표는 좋은 종업원, 좋은 사회인 만들기다."

그는 또 이렇게 주장했다. "사람의 장점만 보기 시작하면 '저 사람은 저런 면에서 상당히 훌륭하다'고 생각할 수 있고 그 사람이 가지고 있는 장점에 어울리는 재능을 찾게 된다. 이렇게 되면 상사는 부하를 좀 더 대담하게 쓸 수 있다. 부하 역시 자신의 장점을 인정받았으니 기쁘게 더 열심히 일하게 된다. 자연히 일의 성과가 오르고 인간으로서도 성장한다."

늘 먼 미래를 바라보았다

"계열사 사장들은 10년 앞을 보고 경영을 하시오. 나는 100년, 200년 앞을 내다보는 일을 하겠소." 마쓰시타는 늘 이렇게 말했다. 그는 86세 때인 1980년 사재 100억 엔(약 800억 원)을 털어 정치·

경제 분야 차세대 리더를 양성하기 위해 마쓰시타 정경숙(政經塾)을 만들었다. 졸업생 300여 명은 국회의원 30여 명을 비롯해 차세대 일본의 리더그룹을 형성하고 있다. 거목(巨木)이라도 나무 한 그루로는 한계가 있다. 인재의 숲이 필요하다. 마쓰시타는 200년을 내다보고 인재의 숲을 만들어놓고 떠났다.

정주영

길을 모르면 길을 찾고,
길이 없으면 길을 닦아야지!

불굴의 인간

2006년 11월 미국 〈타임〉은 아시아판 창립 60년을 맞이하여 '60
년간 아시아의 영웅'을 발표하면서 기업인으로는 유일하게 정주영
(1915~2001)을 선정했다. 일본이나 중국의 기업인이 선정되지 못한
'아시아 영웅' 반열에 한국의 정주영만이 선정된 것이다.

〈타임〉이 '정주영은 많은 사람이 틀렸음을 증명하는 인물이다'
라고 기록했을 정도로 그는 편견과 고정관념에서 탈피하여 남이
하지 못하는 새로운 사업에 도전했다. 정주영은 '불굴의 개척자'로
도 불린다.

정주영이 이룬 '현대'는 대한민국의 눈부신 발전을 상징하는 대

기업 집단이 되었다. 1977년부터 2000년까지 24년 동안 계속 국내 자산총액기준 재계서열 1위의 한국 최대 기업집단으로 자리 잡았다.

한국에서 정주영은 단순히 기업가로서 평가받지 않는다. 기업가라기보다 한국산업의 근대화를 선두에서 지휘한 '불굴의 인간'으로 평가받는다. 그의 기업정신은 '창조적 예지', '적극적 의지', '강인한 추진력'으로 표현된다. 그의 기업정신은 현대정신이 되어 현대차그룹을 비롯한 2세대 기업에 면면히 전해오고 있다. 그는 긍정정신을 가지고 일생을 살아왔고 남이 불가능하게 여기던 일들을 많이 성취했다.

젊은 시절

정주영은 1915년 11월 25일 부친 정봉식, 모친 한성실의 6남 1녀 7남매의 장남으로 강원도 통천군 답전면 아산리에서 태어났다. 그는 취업하기 위해 스스로 가출했다. 농사에는 희망이 없다고 판단했기 때문이다. 그는 가출을 네 번이나 실행했다. 세 번 실패했지만 포기하지 않고 4차 가출하여 성공했다. 1934년 그의 나이 열아홉 살 때다. 서울에 도착한 정주영은 곧 인천부두로 향했다. 그리고 부두 하역장에서 닥치는 대로 일을 맡았다. 하역 일이 없을 때는 공사판 현장에서 막노동을 했다. 정주영은 여기저기 막노동을 다니다가 '엿 공장'에 처음 취직했다. 정주영은 곧이어 쌀가게 '부흥상회'

배달꾼으로 취직되는 행운을 잡았다.

그가 '부흥상회'에서 3년 동안 성실하게 일한 덕분에 연봉으로 쌀 20가마를 받게 되고서야 그의 부친은 시골 농사꾼보다 서울에서 취직하는 것이 낫다면서 정주영을 인정했다.

정주영은 23세 때 '부흥상회'를 인수해 '경일상회'를 열어 가게 주인이 되었다. 하지만 조선총독부에서 쌀 배급제를 실시하는 바람에 경일상회는 문을 닫을 수밖에 없었다. 정주영은 그동안 저축한 돈과 가게를 처분한 돈으로 고향의 아버지에게 논 6,000평(약 1만 9,834제곱미터)을 사드렸다. 그리고 아버지의 권유로 송전면장 딸 변중석(16세)과 혼례식을 올렸다. 정주영은 25세 때 자동차수리회사를 시작했고 그다음에는 운수업을 했지만 해방을 맞자 자동차수리업을 다시 시작했다.

기업가가 되다

32세 때인 1947년 5월, 정주영은 현대자동차공업사를 운영하면서 별도로 '현대토건사'를 설립했다. 건설업이 돈을 훨씬 많이 번다는 것을 알았기 때문이다. 1950년 1월, 그는 현대자동차공업사와 현대토건사를 합병하여 '현대건설주식회사'를 설립했다. 6·25전쟁의 발발로 대한민국정부가 임시수도를 부산으로 옮겨가자 정주영도 부산으로 피난 갔다. 정주영은 "평화 시에는 잘살기 위해 건설해야 하고, 전쟁 시에는 전쟁에서 이기기 위해 건설해야 한다"라면서 부산에서 관급공사를 따기에 여념이 없었다. 그러나 전쟁 중인 우리나라 정부에 돈이 있을 턱이 없었다. 그러자 그는 '그렇다면 전쟁 중에는 미군 공사에 전념하자'고 생각했다. 정주영의 도전력, 창의력은 상상을 초월했다.

1952년 12월, 전쟁이 한창 치열한 가운데 미군을 위로하기 위해 미국의 아이젠하워 대통령이 방한했는데 당장 대통령이 묵을 숙소가 없는 것이 문제였다. 마침 운현궁을 숙소로 정하기는 했지만 운현궁에는 서양식 거실이 없었다. 화장실 공사와 난방공사를 급하게 해야 하는데 이 공사를 현대건설이 맡았다. 미국 대통령 도착까지 15일밖에 안 남았으니 공사기간이 너무 짧았다. 하지만 정주영은 혼신의 돌격정신을 발휘하여 공사 완공일을 3일 앞당겼다. 절체절명의 공사를 조기에 완공해냄으로써 미8군사령부의 신임을 일거에 받게 되었다.

이어서 부산 유엔군묘역 단장공사도 따냈다. 관건은 묘역에 푸른 잔디밭을 만들어내야 하는 일이었다. 추운 겨울에 어디에서 그 많은 잔디를 구할 수 있단 말인가? 하지만 정주영은 달랐다. 그는 기지를 발휘하여 트럭 30대를 동원하더니 김해 부근 낙동강 유역의 파란 보리를 비싼 값으로 사서 묘역에 옮겨 심었다. 파란 잔디밭 대신 푸른 보리밭을 일구어낸 것이다. 이에 미8군사령부는 감탄했고, 정주영의 말이라면 팥을 콩이라고 해도 믿을 정도가 되었다.

정주영의 업적

그는 불가능하다고 여겨지는 일을 많이 성사시켰다.

정주영 공법 국토를 확대하는 간척지 마무리 공사 때 생긴 '정주
영 공법'은 그의 향상심, 긍정심, 창의력의 정수를 보여주었다. 서해
안의 서산 천수만 방조제공사(1980~1987)는 토목기술상 대단히 험
난한 공사였다. 특히 9.8킬로미터나 되는 물막이 제방공사 사업은
양쪽에서 둑을 쌓아나가는 공사였는데, 마지막 공정에서 예상하지
못한 난관에 부딪혔다. 유속이 초속 8미터가 넘는 밀물 압력을 이
겨낼 방법이 전무했던 것이다. 두 둑 사이 간격이 270미터 정도 남
았을 때 20톤이 넘는 바위덩이를 밀어 넣어도 급물살에 쓸려나가
버렸다. 경력이 수십 년이나 되는 일류 토목기술자들이 모두 속수
무책이었다.

정주영의 상상력은 이때에도 여지없이 발휘되었다. "이봐! 문제
는 해결하라고 있는 거야." 그는 해체하기 위해 울산앞바다에 정박
해둔 22만 6,000톤급 대형 유조선을 이쪽으로 끌어오라고 지시했
다. 폐유조선의 길이는 332미터나 되었다. 이 선박을 두 둑 사이에
끼워두고 바닷물을 선박에 가득 채워 가라앉혔다. 물살은 이 대형
선박을 밀어내지 못했다. 물살이 없어진 틈을 이용하여 양쪽에서
큰 돌과 제방 구조물을 투하하기 시작했다. 드디어 둑을 연결하여
물막이 제방공사를 준공했다. 세계 토목공학계가 놀란 '정주영 공

법'이 탄생한 배경이다. 정주영의 무한 긍정심은 지구촌에 캔두이 즘(candoism)을 심어주었다. 정주영의 새로운 발상은 후대 경영인 들이 배워야 할 창의성의 전범이 되었다.

여러 해 전 나는 수차례 이 현장에 가보았다. 한국의 청소년이 꼭 와서 견학해야 할 곳이라고 느꼈다.

소양강댐 건설 현대건설이 일본인의 창의력을 능가한 첫 번째 사 례는 소양강댐 건설에 얽힌 일화다. 소양감댐은 1967년 4월 15일 착공해 1973년 10월 15일 준공되었다. 설계는 일본 회사에 의뢰하 였다. 이 설계에 따르면 시멘트와 철근이 다량 들어가서 전량을 일 본 업체 공급에 의존해야 했다. 정주영은 시멘트와 철근을 수입하 기보다 국내에 있는 자원을 사용하는 것이 좋다고 판단하고 가까 운 산에서 암석을 다량 채석하고 차수벽용 자재로 양질의 점토, 자 갈, 모래 등을 채취하여 '사력댐' 방식으로 시공하면 공사비용을 줄 일 수 있다고 생각했다. 관청에서는 왈가왈부했지만 박정희 대통령 이 정주영 편에서 손을 들어주었다. 이렇게 하여 소양강댐 건설은 공사비용을 3분의 1이나 절약하게 되었다. 정주영의 현장 학습력 과 창의력, 도전정신이 합작된 '극일' 사례다.

중동 건설 진출 정주영은 건설업계의 제일주자로서 1965년 한국 최초로 해외 건설을 수주했다. 그는 자본이 부족하고 기술이 없었던 당시 한국경제의 한계를 극복하려면 국내공사보다는 해외공사를 수주해야 한다고 생각했다. 외화를 벌어들여 국내를 살찌게 만들어야 한다고 결심한 것이다. '밖에서 벌어 안을 살찌우자'는 슬로건은 현대건설의 캐치 프레이즈였다.

한국의 건설업계에서는 아무도 중동지역을 쳐다보려고 하지 않았다. 중동지역을 출장 다녀온 정부 관료들도 아무리 우리가 해외에서 돈을 벌어와야 하지만 불처럼 뜨거운 사막지역에 가서 공사작업을 하기는 아주 어려운 일이라 더 쳐다보지도 말라며 손을 놓았다.

정주영은 뜨거워서 일을 하지 못하고 물이 없어 공사를 하지 못한다는 반대 의견에 이렇게 대답했다. "낮에 더워서 일을 못하면 서늘한 밤에 하면 될 것이고, 거기에다 비가 안 온다니 일하는데 얼마나 좋아? 모래와 자갈이 현지에 많은 것은 건설공사에 오히려 득이 될 거야. 하다가 모르는 게 있으면 배우면 될 테고, 길이 없으면 길을 만들어나가면 돼!"

정주영이 사내외 반대에도 중동 산유국 진출을 결심했을 때 사우디아라비아에서 주베일 산업항 건설공사 국제입찰이 나왔다. 선진국 건설회사들은 이름도 들어보지 못한 한국의 현대건설이 입찰에 참가하리라고는 상상도 하지 못했다. 이 희대의 건설 프로젝트에서 현대건설은 9억 3,000만 달러로 최저가 입찰에 성공하였다. 1976년 환율로 4,600억 원에 해당하며 당시 한국정부 예산의 절반 규모였다. 한국은 석유파동으로 수출금액보다 수입금액이 훨씬 더 많아 외환보유고가 바닥나 있었다. 언제 외환위기가 와서 '국가부도'를 선언해야 할지 모를 지경이었다. 이럴 때 현대건설이 계약한 거액의 해외공사대금이 입금되어 한국은 외환위기를 예방할 수 있었다.

세계 초유의 조선소 건설과 선박건조 동시 진행 현대조선소 건설을 추진할 때였다. 차관을 얻어야 하는데 미국과 일본은 냉소적이었다. 그는 영국으로 시선을 돌려 바클레이즈은행을 직접 방문했다. 그는 조선기술을 의심하는 은행 측에 거북선이 그려진 500원짜리 지폐를 보여주며 이렇게 말했다. "영국이 철선을 만들기 시작한 것은 19세기지만 한국은 그보다 3세기 앞선 16세기에 이미 철갑선을 만들어 전쟁에서 승리했다. 조선기술을 논하자면 영국은 한국보다 후진국이다."

1972년 현대조선소 착공 이후 31년이 지난 2003년 한국은 선박건조량, 선박 수주량, 선박수주잔량 등 3개 부문에서 세계 1위를 차지하며 명실상부한 세계 최대 조선 국가의 위상을 갖게 되었다. 오늘날 지구촌 오대양을 오가는 선박의 3분의 1은 한국이 생산한 것이다.

1988년 서울올림픽 유치 1988년 서울올림픽은 한국의 현대사뿐만 아니라 세계의 현대사에 큰 영향을 미친 국제대회였다. 일본에서는 나고야로 유치하기 위해 오래전부터 활동해왔다. 아주 불리한 상황에서 정주영은 있는 힘을 다해 유치활동을 했다. 마지막에는 IOC위원과 부인들에게 꽃바구니를 매일 배달했다. 꽃바구니로 그들에게 한국인의 친절함과 따뜻한 마음씨를 전했다. 각국 위원들은 매우 깊은 인상을 받았다. 한국의 민간올림픽추진위원장 정주영이라는 낯선 이름을 그들이 매일 아침 접하여 모두 외우게 한 것이다.

1981년 9월 29일 한국대표단은 마지막 유치홍보 발표를 마쳤다. 한국 측의 예상은 서울 32표, 일본 28표, 중립 21표로 양측 지지가 거의 비슷할 것이라고 분석했다. 1981년 9월 30일, 열흘 동안 계속된 총회의 마지막 날 올림픽 개최지 확정 공식투표가 이뤄졌다. 사마란치 IOC 위원장은 투표 결과를 발표했다. 유효투표 79표 중에서 서울이 52표를 얻고 나고야는 27표를 얻었다. 반수를 훨씬 넘는 압도적 지지로 서울이 개최지로 결정된 것이다.

정주영은 나중에 이렇게 말했다. "88서울올림픽 유치는 대한체육회와 서울시가 소극적이었으므로 당시 우리가 일본을 이기고 유치한다는 것은 아무도 예상 못했을 겁니다. 내가 전경련 회장을 안 했으면 끌고 갈 힘도 없었고 생각해볼 수도 없는 일이었습니다. 전경련 재임 중 전경련 바깥일이긴 하나 국가를 위해서 한마음이 되어서 그렇게 일해본 것이 내 생애에서 가장 보람되고 기쁜 일이었습니다."

한국은 88서울올림픽을 성공적으로 개최해 개발도상국가에서 선진국가로 부상할 수 있는 실질적 계기를 마련했다.

기업경영 활동 이외의 활동에서 정주영이 가장 심혈을 기울인 분야는 두 가지로 생각해볼 수 있다. 첫째는 전 국민에게 '의료복지'를 제공한 일이고, 둘째는 '남북통일'의 초석을 놓은 일이다.

한국에서 사회복지의 개념조차 생소했던 1977년 정주영은 현대건설 개인 주식의 절반을 희사해 아산사회복지재단을 설립하고, 당시 한국의 최대 취약 분야였던 의료복지를 민간인으로서 실시했다. 이것은 정부가 주도해야 하는 분야지만 한국에서는 정주영이라는 기업인이 처음 시작한 것이다.

한국의 노태우 정부 5년간과 김영삼 정부 5년간은 대북정책 경색기였다. 1998년 2월 김대중 정부가 들어섰다. 정주영은 남북경협 해빙기의 무드를 예견하고 10년간 공백을 떨치는 기지개를 켰다. 그는 발 빠르게 북한과 접촉하면서 경협을 논의했다.

1998년 6월 정주영은 서산농장에서 직접 키운 소 500마리를 몰고 남북분단의 상징인 판문점을 통과하여 북한에 들어섰다. 드디어 육로로 판문점 통과라는 일차 목표를 실현한 것이다. 정주영이 소 500마리를 고집한 것은 육로로 판문점을 통과하겠다는 의지의 표현이었다. 당시 북한 정권은 누구라도 육로로 북한을 출입하는 것을 극도로 회피하였고, 방북하려면 항상 제3국을 통한 항로를 이용할 수밖에 없었기 때문에 이런 상황을 타개하기 위한 정주영의 상상력과 창의력이 또 한 번 빛난 것이다.

정주영의 일화

그에게는 일화가 많은데 몇 가지만 소개한다.

• 정주영은 쌀가게 점원 시절 자전거를 잘 탈 줄 몰랐다. 그는 쌀가마를 고객에게 배달하려다가 빗길에 넘어지는 바람에 진흙탕길에 쌀가마를 굴리는 수모를 겪었다. 어떻게 하면 쌀가마를 싣고 배달을 잘할 수 있을까 하는 고민은 정주영에게 주어진 당장의 과제였다. 기술과 요령을 배우는 길밖에 없다고 생각한 그는 사흘 밤낮을 연습했다. 얼마 안 가서 그는 쌀 두 가마를 싣고도 날쌔게 자전거를 타고 달릴 수 있는 기술과 요령을 터득했다.

그는 자기가 꼭 해야 할 일은 스스로 경험해야 한다고 생각했다. 아무리 사소한 일이라도 대충 하는 자세로는 장래에 닥칠지도 모르는 큰일을 도저히 해낼 수 없다고 말했다. 자신이 해야 하는 일을 달성하기 위해 인간이 가질 수 있는 최고 자세는 '최선'을 다하는 것이라고 강조했다.

• 정주영은 종업원에게 업무지시를 할 때 시간을 충분히 주지 않는 것으로 정평이 났다. 이유인즉 시간이 많이 주어진다고 좋은 성과가 나오는 것이 아니라고 믿었기 때문이다.

• 신문은 정주영의 선생님이었다. 그는 또한 항상 책을 끼고 살았다. 그는 출장 갈 때마다 읽을 책 한두 권은 반드시 챙겨 넣었다. 정주영에게 책은 특별한 지식을 가르쳐주는 과외 선생님이었다.

- 그는 새벽 4시면 일어나 신문을 읽고 간단한 운동으로 몸을 푼 뒤 아침 6시면 출근했다. 전형적인 아침형 인간이다.

- 그는 어떤 일이 될지 몰라 난색을 표하는 직원들에게 "이봐, 해봤어?"라는 말을 자주 했다. 무모함보다 더 나쁜 것은 해보지도 않고 포기하는 일이다.

- 그는 비록 벽촌에서 태어났지만 조부의 서당에서 읽은 동양 고전에서 선비의 정신세계를 나름대로 맛볼 수 있었다. 그래서 그는 새로워지려는 노력을 끊임없이 갈구했다. 그의 목표는 매번 새로워질 수밖에 없었다.(김진수, 《경영의 신 정주영 vs 마쓰시타》, 북오션, 2017 외 인터넷 자료 참조)

부록

긍정주의에 관한
짧은 글과
100가지 긍정 명언

긍정주의에 관한 짧은 글

토머스 칼라일의 《프랑스 혁명사》

영국의 역사학자 토머스 칼라일(Thomas Carlyle)은 2년간 각고의 노력으로 《프랑스 혁명사》 원고를 완성하였다. 수천 페이지 분량이었다. 원고를 탈고한 후 이웃에 사는 존 스튜어트 밀(John Stuart Mill)에게 읽어보라고 넘겨주었는데, 며칠 후 밀이 칼라일을 찾아왔다. 창백한 얼굴에 난처한 모습이었다. 밀의 하녀가 원고를 난롯불 지피는 불쏘시개로 썼다는 것이다. 보배 같은 원고가 흔적도 없이 사라졌다. 칼라일은 큰 충격으로 넋을 잃었다. 그렇게 한겨울을 났다.

봄이 되었다. 칼라일은 창문을 열었다. 집 짓는 모습이 보였다. 자세히 보니 석공이 작은 벽돌을 하나하나 쌓아가고 있었다. 매일매일 모습이 달라졌다. 드디어 벽돌을 다 쌓아 훌륭한 집이 완성되었다. 이 모습을 지켜보는 동안 칼라일의 마음에 새로운 용기와 결심이 솟아올랐다.

"저 석공이 매일 작은 벽돌을 쌓아올렸듯 하루에 꼭 한 페이지만 쓰자. 예전에도 처음에 한 페이지부터 시작하지 않았던가?" 그는 즉시 다시 써나가기 시작했다. 없어진 처음 원고보다 더 잘 쓰기 위해 아주 천천히 진행해서 7년 만에 훨씬 홀륭한 원고를 완성했다. 위대한 작품 《프랑스 혁명사》다.

도전해야 할 일이 있다면 벽돌 한 장 놓는 심정으로 출발해보자. 한 번에 하나씩 하면 큰 것을 완성할 수 있다.

양주동의 연애편지

늘 '대한민국 국보'라 자처했던 양주동 박사가 일본 와세다대학에서 공부할 때 서울 어느 미션스쿨 여학생을 열렬히 짝사랑했다. 탁월한 문장력으로 연애편지를 여러 번 썼으나 회답이 없었다. 독수리 같은 사감 선생이 연애편지가 들어오는 족족 읽어보고 없앴기 때문이다. 아무리 사랑을 고백해도 전달되지 않는다면 무슨 소용이 있겠는가?

양주동은 마음이 몹시 아팠다. 좋은 수가 없을까 이리저리 궁리했다. '옳거니! 성경구절을 많이 써서 보내자. 미션스쿨이니 성경구절이라면 사감 선생도 전달하겠지?' 그는 편지지에 요한일서 4장 7~8절과 로마서 12장 9절, 요한일서 4장 18절, 마가복음 10장 7~9절을 썼다.

"우리가 서로 사랑하자. 사랑은 하나님께 속한 것이니 사랑하는 자마다 하나님께로 나서 하나님을 알고 사랑하지 아니하는 자는 하나님을 알지 못하나니 이는 하나님은 사랑이심이라."(요한일서 4:7~8) "사랑엔 거짓이 없나니 악을 미워하고 선에 속하라."(로마서 12:9) "사랑 안에 두려움이 없고 온전한 사랑이 두려움을 내어 쫓나니."(요한일서 4:18)

그리고 마침내 결론은 이러했다. "이러므로 사람이 그 부모를 떠나서 그 둘이 한 몸이 될지니라. 이러한즉 이제 둘이 아니요 한 몸이니 그러므로 하나님의 짝지어 주신 것을 사람이 나누지 못할지니라."(마가복음 10:7~9) 다음에 '아멘!'을 붙였다. 이 편지에 여학생이 감동하면서 두

사람은 사랑에 성공하였다.(곽선희, 《행복한 사람의 정체의식》, 계몽문화사, 176~177쪽 참고)

한동대 교수가 된 이지선 씨

이지선 씨는 강철 같은 의지를 지닌 여성이다. 이화여대 유아교육과 4학년에 재학 중이던 2000년 7월 30일 음주운전자가 낸 7중 교통사고로 전신 55%에 3도 화상을 입었다. 화상 치료와 수술이 이어졌지만 좌절하지 않았다. 40번 넘게 수술받아 생명은 건졌지만 얼굴은 일그러졌고 손가락도 짧아졌다. 그녀는 삶에 대한 강한 의지를 보이며 《지선아 사랑해》를 출간했다. 하용조 목사의 주선으로 온누리교회에서 장학금을 받아 6년간 미국에 유학했다. 재활상담 석사학위를 받았다가 사회복지정책이나 시스템을 바꾸는 것이 더 중요하다는 생각이 들어 사회복지학으로 전공을 바꿨다. 그리고 캘리포니아주립대에서 박사학위를 받았다.

그녀는 장애인 재활을 지원하는 푸르메재단의 홍보대사를 하며 미국과 한국에서 마라톤도 완주했다. 그 자신도, 어머니도, 주변 사람도 모두 완주하리라고 생각하지 못했다. 하지만 5킬로미터, 10킬로미터, 하프마라톤에 점점 도전하다 보니 어느새 42.195킬로미터를 완주할 수 있었다. 이때 "스스로 그만두지만 않으면 할 수 있다. 이 길이 옳다면 그냥 가면 된다"라는 확신을 갖게 되었다.

이지선 씨가 난관을 이길 수 있었던 힘은 하나님 안에서 자신의 정체성을 찾았기 때문이라고 한다. 그녀는 2017년 1월 한동대 상담심리사회복지학부 교수로 임용되어 2월 27일부터 강단에 섰다.

아버지는 힘이 세다

장애를 극복하고 존경받는 한 사람을 소개한다. 양팔 없는 의수 수묵화가 석창우 화백이다. 전기공으로 성실하게 살던 그에게 뜻밖의 시련이 찾아왔다. 2만 2,900볼트 감전. 여러 번 수술하며 생명은 건졌지만 두 손을 잃었다. 갑자기 사라진 두 손을 바라본다면 얼마나 처절할까? 그러나 석창우는 달랐다.

물론 그도 사람인지라 잠시 힘든 시간을 보냈다. 어느 날 네 살 아들이 새 한 마리를 그려달라고 졸랐다. 그는 "아빠는 손이 없어 못 그려"라고 말할 수도 있었지만 온 힘을 다해 그림을 그렸다. 이 일은 시련 속에서 희망을 꽃피우는 계기가 되었다.

누군가 석창우 화백에게 물었다.

"3년간 10시간씩 그렸다고요? 어디에서 이런 힘이 나왔습니까?"

"아들에게 아버지는 모든 것을 할 수 있는 사람인 것을 보여주고 싶었습니다."

아버지는 힘이 세다.

임현수 목사의 희망과 감사

임현수 목사는 캐나다 온타리오주 미시소거의 큰빛교회를 담임하는 한국계 캐나다인이다. 그는 1997년부터 100차례 이상 북한을 방문해 고아원과 노인요양시설 등을 지원했다. 2015년 1월, 북한 취약계층 지원을 위해 나선시를 방문하고 평양에 갔다가 국가전복 혐의로 체포되었다. 사형이 구형되었다가 같은 해 12월 무기노동교화형을 선고받고 억류되었다.

임 목사는 2017년 8월 9일에 병보석으로 풀려났다. 억류된 지 2년

6개월 9일 만이었고 석방 대가는 없었다. 북한은 석방 15분 전에 임 목사에게 소식을 알려주었다. 그는 극적인 석방에 이렇게 고백했다. "꿈만 같다. 이는 모두 하나님의 은총이다. 북한에 있는 동안 어려움이 많았지만 그때그때 하나님께서 감당할 힘을 주셨다."

고문만 없었지 강제노동과 24시간 감시받는 노동교화소의 삶은 고달팠다. "겨울에도 너비 1미터, 깊이 1미터의 구덩이를 파야 했다. 땅은 꽁꽁 얼었고 진흙이 너무 단단해 하나 파는 데 이틀이 걸렸다. 손가락과 발가락은 동상에 걸렸다. 꽁꽁 언 석탄을 쪼개기도 했다. 여름에도 야외에서 하루 8시간 일했다. 첫 1년간 몸이 상해 2개월 동안 병원에 입원했고 세 번 더 갔다."

매일 8시간씩 1분도 어김없이 총을 찬 군인들의 감시를 받으며 일했다. 첫 2개월 동안 체중이 90킬로그램에서 67킬로그램으로 빠져 사람들이 알아보지 못할 정도가 됐다. 평상시에도 자유는 없었다. 비디오카메라 석 대로 24시간 감시받았다. 작은 화장실에도 카메라가 있었고 잠잘 때도 경비병 2명이 두 시간마다 감시했다. 독방에 있던 그에게 가장 큰 싸움은 외로움과 투쟁하는 것이었다.

"억류된 그 순간부터 견디기 어려운 외로움이 계속되었다. 첫날부터 석방될 때까지 고독하게 2,757끼를 먹었고, 언제 어떻게 역경이 끝날지 몰랐다. 말을 거는 사람이 없었다. 주님과 밥 먹으며 대화하고 노동하면서 기도했다. 일요일에는 아침 7시부터 최소 서너 시간 찬송 부르는 것으로 시작해 저녁 8시쯤 주일예배를 마쳤다. 그렇게 주일예배를 130번 드렸다."

임 목사는 "일하는 동안 쉬지 않고 기도했다. 좌절과 원망과 불만의 시간이 싹트려 할 때마다 하루도 쉬지 않고 하나님이 용기와 기쁨, 감사를 주셨다. 좌절하고 낙담했던 시간이 하루 이상 간 적이 없었다. 돌아갈 수 있겠다는 희망은 늘 있었지만 그날이 언제 올지는 몰랐다"라고 덧붙였다.

처음 1년간 북한 서적만 읽어야 했다. 《김일성 회고록》 등 유명한 책을 100권 이상 읽고 영화를 300편 이상 보면서 북한의 70년 역사를 이해하고 정리했다. 1년 뒤 노희송 목사와 아내가 보내준 성경을 읽을 수 있었다. 영어로 한 번, 한국어로 네 번 성경책을 읽었다. 쓸 수 없어 성경구절 700개를 골라 암송하고 찬송가 가사도 모두 외웠다. 북한에 분노하느냐는 기자의 질문에 임 목사는 말했다.

"아니다. 난 그들을 용서했고 사랑한다. 북한이 다시 초대한다면 기꺼이 가겠다. 다만 법과 정책을 따를 것이며 정부가 반대하면 가지 않겠다."

광명동굴

얼마 전 친구들과 함께 광명동굴을 다녀왔다. 그 동굴은 2011년에 개발했는데 6년 만에 한국의 100대 관광지 안에 들었으며 관광객이 연 2만 명 온다고 한다. 이 동굴은 본래 일제강점기에 금, 은, 동, 아연을 채굴하는 광산이었다.

1911년부터 1945년까지는 광산으로, 6·25전쟁 때는 주민들의 피난처로, 그 후에는 식품저장소로 사용되어왔다. 광명시 관광과 한 직원의 건의로 광명시가 그 광산을 매입하여 관광상품으로 개발했다. 총 275미터 길이의 지하도로를 만들었는데 상하좌우를 다양하게 꾸며서 정말 볼 만하며 1시간쯤 걸어도 조금도 지루하지 않다. 굴이 산 중턱에 있기 때문에 밖에서 나와 바라보는 경치도 참 좋다.

동굴 안에는 상당히 넓은 공연장도 구비되어 있다. 그곳에서 매주 2회 정기적으로 공연이 열린다. 종업원 수는 대략 160명인데 광명시에 거주하는 사람만 채용한다. 그리고 월요일은 휴무다.

지금도 그 광산에는 금, 은, 동, 아연이 상당수 매장되어 있단다. 그곳을 구경하면서 느낀 것은 한 사람의 아이디어로 많은 사람의 일자리를 만들 수 있구나 하는 생각이었다. 대선주자들이 제일 먼저 공약하는 것이 바로 일자리 만들기 아닌가? 그만큼 일자리 만들기가 중요한 사항이다. 그렇다면 이 동굴을 개발한 직원과 광명시는 일자리를 만들어 애국한 사례다. 그리고 광명시는 한국 도시명 중에서 제일 좋은 이름이라고 한다.

걸으면 산다

'걸어야 산다'는 말을 마음에 품고 실천한 세 사람의 사례를 적는다.

첫째, 내가 거주하는 아파트에 한 노인 부부가 산다. 할아버지는 83세로 키가 크고 호리호리하며 할머니는 79세로 아담한 체구에 밝은 인상을 하고 있다. 이들을 알게 된 것은 내가 부근을 산책하면서부터다. 매일 할아버지는 할머니를 휠체어에 앉히고 휠체어를 밀며 농로를 다닌다. 어느 날 할아버지에게 사연을 물어보았다. 그는 말하기를 4년 전 부인이 뇌경색에 걸려서 쓰러졌다고 한다. 그러나 걸을 수 있다는 믿음을 갖고 부인을 휠체어에 태우고 농로를 매일 두 번씩 다닌다고 했다. 그의 부인은 처음에는 휠체어만 탔으나 얼마 있다가 휠체어를 잡고 걷는 연습을 했다. 차츰 다리에 힘이 생겼다. 휠체어 타는 시간이 점점 줄어들고 그것을 밀고 다니는 시간이 점점 많아졌다.

그런데 며칠 전 신기한 광경을 보았다. 그 할머니가 휠체어를 타지 않고 자기 휠체어에 어린 손녀를 태워 밀고 가는 것이 아닌가. 그녀는 완전히 걷게 된 것이다. 할머니 표정은 아주 밝아 보였다. 나는 할머니에게 "축하합니다"라고 인사했다. 그녀가 완쾌된 것을 보니 나도 참 기뻤다. 이 노인 부부는 4년간 애쓴 보상을 받은 것이다.

둘째, 내 친구 부부는 약 20년 전 교통사고를 만났다. 내 친구가 자기 부인을 운전연습시키다가 큰 사고가 난 것이다. 두 사람 모두 다리에 큰 상처를 입었다. 친구는 병원에 3개월 있다가 퇴원했지만 그 부인은 2년 동안 병원에 있으면서 물리치료와 재활치료를 받았다. 그녀는 처음 6개월간은 침대에 누워만 있어야 했다. 억지로 일어나 앉는 연습을 했다. 그 후 걷는 연습을 했다. 이렇게 꾸준히 하기를 2년, 그녀는 드디어 걸을 수 있게 되었다. 사고를 당한 후 걷는 연습을 하지 않아 평생 불구로 지내는 사람도 많다고 한다. 걸을 수 있다는 의지가 그가 처한 상황보다 더 중요한 것이다.

셋째, 얼마 전 80세 된 한 대학선배에게서 감동적인 경험담을 들었다. 그는 서울에서 목회하다가 만 70세에 은퇴하였다. 약 3년 전 미국에 거주하는 자녀들의 초청을 받아 미국에 가게 되었다. 그런데 불행히도 교통사고를 만나 고관절을 크게 다쳤다. 그러나 그는 절망하지 않았다. 수술한 후 걸을 수 있기 위해 피나는 노력을 했다. 처음에는 스스로 일어서는 것도 힘들었다. 하지만 의지를 가지고 꾸준히 노력해서 서게 되었다. 그다음에는 워커를 이용하여 걷는 연습을 했다. 그 후에는 지팡이를 사용했다. 아무리 힘이 들어도 하루 만 보씩 걷는 일만은 꼭 지켰다. 이제 다리가 나아 지팡이 없이 잘 걷게 되었다. 나라면 과연 그렇게 할 수 있을까 생각해보았다. 그의 굳센 의지에 마음속으로 박수를 보낸다.

누구에게나 '다음 칸'은 있다

지하철에 가방을 든 한 아저씨가 승차하더니 승객들을 향해 우렁차게 말하기 시작했다. "여러분, 안녕하십니까? 제가 이렇게 여러분 앞에 나선 이유는 좋은 물건 하나 소개해드리기 위해섭니다. 잘 보세요. 플라스틱 머리에 솔이 달려 있습니다. 이게 무엇일까요? 맞습니다. 칫솔입니다. 이걸 뭐 할라고 가지고 나왔을까요? 맞습니다. 팔려고 나왔습니다. 얼마일까요? 1,000원입니다. 뒷면을 돌려보겠습니다. 영어가 쓰여 있습니다. 메이드 인 코리아! 이게 무슨 뜻일까요? 수출했다는 겁니다. 수출이 잘됐을까요, 안 됐을까요? 망했습니다. 자 그럼, 여러분께 하나씩 돌려보겠습니다."

아저씨는 칫솔을 사람들에게 돌렸다. 황당해진 사람들은 웃지도 못했다. 칫솔을 다 돌린 아저씨가 말을 이어갔다. "자, 여러분, 여기서 제가 몇 개나 팔 수 있을까요? 여러분도 궁금하시죠? 저도 궁금합니다." 잠시 후 결과가 나왔다. "자, 여러분, 칫솔 네 개 팔았습니다. 얼마 벌었을까요? 칫솔 4개 팔아서 4,000원 벌었습니다. 제가 실망했을까요? 안 했을까요? 예, 실! 망!했습니다. 제가 여기서 포기할까요, 안 할까요? 절대 안 합니다. 바로 다음 칸이 있기 때문이죠!" 아저씨는 가방을 들고 유유히 다음 칸으로 건너갔다. 남아 있는 사람들은 웃음으로 거의 뒤집어졌다.

누구에게나 '다음 칸'이 있다. 지금의 실패가 미래까지 가로막지는 않기 때문이다. 긍정적인 사람은 결코 포기하지 않는다.

스위스인의 정신

스위스는 한국의 2분의 1도 채 안 되는 국토에 인구는 750만 명 내외다. 오늘날 스위스의 1인당 소득은 8만 3,000달러, 국가경쟁력지수는 세계 1위다. 150년 전만 해도 스위스는 유럽에서 가장 가난한 나라였다. 전 국토가 알프스산맥에 둘러싸여 있는 분지인데, 알프스 위에는 만년 설이 늘 쌓여 있어 한여름에도 냉해가 심해 농작물이 잘 자라지 못했다.

먹고사는 것이 해결되지 않아 500년 전부터 스위스인은 용병 수출이라는 최악의 선택을 하였다. 즉 다른 국가들이 전쟁할 때마다 스위스 군인들이 돈을 받고 대신 전쟁에 나갔다. 그리고 그 월급을 본국의 가족에게 송금했다. 여자들은 이웃 나라에 가서 식모살이를 하며 돈을 벌었다.

그러던 그들이 용병과 식모살이를 하지 않고 살아갈 길을 연구하였는데 제일 먼저 한 것은 시계 제작 기술을 배워 외국에 파는 일이었다. 그 일에서 성공했다. 또 스위스에 많이 있는 약초를 이용하여 제약 산업을 시작했고 그것으로 돈을 벌었다. 그 밖에도 화학공업, 초콜릿, 고급 양탄자, 관광산업을 개발하여 수입을 늘렸다. 그들은 영세중립국이라는 이점을 이용해 유엔 산하 여러 기관을 자기 나라에 유치하였고 은행의 신뢰도를 높여 세계 각국 사람들에게서 예금을 유치하였다. 국내에서 생산하는 전기를 비싸게 독일에 팔고 이탈리아에서 저렴하게 전기를 들여와 쓴다. 우리도 그들의 정신을 배워야 한다.

링컨의 긍정주의

에이브러햄 링컨은 '할 수 있다' 정신의 본보기였다. 그는 인디애나 주의 허허벌판에 지어진 단칸 오두막에서 유년기를 보냈고, 평생 받은 정규교육은 모두 합해 1년밖에 되지 않았지만 결국 미국 대통령이 되었다. 그는 대통령이 되기 전 운영하던 가게가 망하는 것부터 상원의원

선거에서 패배하는 등 수많은 실패를 겪었다.

아마 역사상 링컨처럼 실패와 역경을 많이 겪은 사람도 드물 것이다. 그러나 그는 실패를 대하는 태도가 남달랐다. 그는 선거가 끝나기가 무섭게 곧바로 음식점으로 달려갔다. 그러고는 맛있는 음식을 시켜서 배가 부를 만큼 많이 먹었다. 그다음 이발소로 가서 머리를 곱게 다듬고 기름도 듬뿍 발랐다. 또 마음속으로 이렇게 몇십 번 되뇌었다.

"이제 아무도 나를 실패한 사람으로 보지 않을 것이다. 왜냐하면 나는 곧바로 다시 시작했으니까. 배가 든든하고 머리가 단정하니 내 걸음걸이가 곧을 것이고, 내 목에서 나오는 소리는 힘찰 것이다. 나는 또 시작한다. 다시 힘을 내자. 다시 한번 힘을 내자."

그는 평소 이런 말을 자주 했다. "내가 걷는 길은 험하고 미끄러웠다. 그래서 나는 자꾸만 미끄러지고 길바닥에 넘어지곤 했다. 그러나 나는 곧 기운을 차리고 일어나면서 나 자신에게 '괜찮아, 길이 약간 미끄럽긴 해도 낭떠러지는 아니야'라고 했다."

이런 태도를 지닌 사람에게 누가 당하겠는가. 이것이 위대한 긍정주의자의 모습이다.

펭귄을 날게 하라

일본 홋카이도의 아사히야마동물원 이야기를 담은 《펭귄을 날게 하라》라는 책이 있다. 이 동물원은 이 책을 쓰던 당시 일본 국내 97개 동물원에서 만년 꼴찌를 하던 동물원이었다. 매년 적자만 내니 시의회에서 동물원을 폐쇄하고 그 부지에 아파트를 지어 시의 재정을 충당하려 했다.

이에 자극을 받은 동물원의 사육사, 수의사, 직원들이 모여 토론하고 연구하며 동물원 살리기에 나섰다. 그들은 최악의 상황에 있는 동물원을 살려내 꼴찌 하던 동물원을 일본 전체 1등을 하는 동물원으로 탈바꿈시키게 되었다.

펭귄은 새이지만 날지는 못한다. 그러나 '동물원 폐쇄'라는 극한 상황에 부딪친 아사히야마동물원 일꾼들은 날지 못하는 펭귄을 날게 만든다는 발상의 전환을 이루어 동물원 이미지를 완전히 개선하고 사람들이 찾는 동물원으로 바꾸는 일에 전심전력을 하여 기적을 이루어냈다.

그러면 실제로 펭귄을 날게 만들었을까? 아니다. 애니메이션을 이용해 마치 펭귄이 날아다니는 것처럼 보이게 했을 따름이다. 그 동물원 모든 직원의 창의력과 상상력의 산물이다.(김진홍 칼럼)

생각만으로 건강해지는 방법

미국 경제매체 〈아이엔씨닷컴〉은 신체건강을 향상하기 위해 정신을 사용하는 과학적 방법 여섯 가지를 다음과 같이 소개했다.

• 잘될 것이라고 기대하라. 치료효과가 더 커진다. 가짜 약도 효과가 있다고 믿으면 치료에 효과가 있다. 물리치료사나 척추지압사가 환자를 치료하기 전에 환자가 그들을 믿으면 더 큰 치료 효과를 볼 수 있다.

• 감사의 글을 쓰면 숙면을 취할 수 있다. 불면증에 시달린다면 감사의 일기를 써보는 것이 치료법이 될 수 있다. 연구에 따르면 감사하는 마음을 가지면 수면의 질이 향상되고 더 오래 잠을 잘 수 있는 것으로 나타났다. 잠자리에 들기 전 감사할 세 가지를 생각하고 일기 형식으로 적어보라.

• 낙관적인 관점을 가지면 면역력이 증강된다. 낙관적인 사람은 면역체계를 최대로 끌어올려 병에 걸릴 위험성도 낮아진다.

• 명상하면 노화를 늦춘다. 명상은 스트레스가 주는 악영향을 완화하고 세포노화의 속도도 늦춘다. 또 젊음을 유지하는 것과 노화예방에도 도움을 준다.

• 운동하는 상상만으로도 근육을 만들 수 있다. 머릿속에서 근력운동하는 것을 상상하면 운동기구를 가지고 운동하지 않더라도 근육을 늘릴 수 있다. 실제로 운동하는 것이 더 효과적이기는 하지만 정신훈련만으로도 근육량에 큰 변화를 줄 수 있다.

• 웃으면 심장질환 위험을 낮출 수 있다. 심장을 튼튼하게 하자면 뭔가 즐거운 일을 생각하는 것이 좋다. 사실 웃음은 최고의 치료제다.

비호감 인간에서 호감 인간이 되는 방법

호감을 갖게 하는 중요한 방법은 긍정적인 사람이 되는 것이다. 비관적인 사람은 어딘지 모르게 호감이 가지 않는다. 긍정주의 인생관만 확실하다면 얼마든지 인생을 즐겁고 의미 있게 꾸려나갈 수 있다. 당신은 무슨 일을 하든 정신적으로 만족스럽고 즐거운 상태에 있을 필요가 있다. 긍정주의자는 희망도 많이 갖는다. 긍정성이 풍부한 사람은 그날 일어날 즐겁고 희망적인 일을 상기하며 기분이 들떠 있다.

호감 인간이 되려면 환한 미소를 품어야 한다. 얼굴에 밝은 미소가 피어오르도록 의식적으로 낙관적인 생각을 해보자. 또 명랑한 대화를 해보자. 개인이 쓰는 말투나 억양 또는 대화 내용도 그 사람의 이미지를 구성하는 중요한 요소다. 긍정적인 사람이 쓰는 말투는 매우 가볍고 활기가 넘친다. 그는 또한 행동이 가볍고 쾌활하다. 말 속에 긍정성이 존재한다. 누구든 상대방과 몇 분만 대화해보면 그 사람의 긍정성 수준을 판단할 수 있다.

비관주의를 긍정주의로 바꾸려면 언어습관부터 고쳐야 한다. 이런 연습을 해보라. 즉 비관적으로 이야기하지 말라. 미래 일에 대하여 긍정적인 점을 강조하라. 과거의 일 중 어두웠던 점을 반복하지 말라. 대화 분위기를 밝고 즐거운 방향으로 끌고 가라. 다른 사람의 장점을 이야기하라. 늘 밝고 재미있는 내용으로 이야기하라. 심각한 문제는 가볍게 얘기하고 넘어가라. 유머와 기지를 잘 활용하라.

우생마사(牛生馬死)의 교훈

갑자기 몰아닥친 홍수로 강가의 덤프트럭이 물살에 쓸려가는 큰물에 소와 말을 동시에 던져보면 소는 살아나오는데 말은 익사한다. 소보다 말이 훨씬 헤엄을 잘 친다. 그런데 왜 말은 죽고 소는 사는가. 그 이유는 다음과 같다.

말은 자신이 헤엄을 잘 치는데 강한 물살이 자신을 떠미니까 그 물살을 이기려고 물을 거슬러 헤엄쳐 올라간다. 1미터 전진하지만 물살에 밀려 1미터 후퇴를 반복하며 20분 정도 헤엄치면 제자리에서 맴돌다가 나중에 지쳐서 물을 마시고 익사해버린다. 소는 물살을 위로 거슬러 올라가지 않는다. 그냥 물살을 등에 지고 같이 떠내려간다. 10미터를 떠내려가는 와중에 한 1미터 강가로, 또 10미터 떠내려가면서 또 1미터 강가로, 그렇게 한 2~3킬로미터 떠내려가다 어느새 강가의 얕은 모래밭에 발이 닿고 엉금엉금 기어 나온다. 헤엄을 잘 치는 말은 물살을 거슬러 올라가다 힘이 빠져 익사하고 헤엄이 둔한 소는 물살에 편승해서 조금씩 강가로 나와 목숨을 건진 것이다.

이것이 '우생마사(牛生馬死)' 이야기인데 인생을 살다보면 일이 순조롭게 잘 풀릴 때도 있지만, 어떨 때는 아무리 애써도 일이 꼬이기만 한다. 어렵고 힘든 상황일 때는 세월의 흐름을 거스르지 말고 소와 같은 지혜를 이용해야 한다. '봄날은 온다'는 뜻은 봄이 온다는 뜻이 아니라 겨울철과 같은 혹독한 세월이 지나고 봄과 같이 모든 것이 풀리는 세월이 온다는 뜻이다. 좋은 때가 오기를 기다리며 현재 할 수 있는 일만 하는 것이다. 이 소의 행동에서 긍정주의자의 모습을 발견할 수 있다.

스펀지에서 배울 점

배우고자 하는 목적이 있는 사람에게는 모든 사물이 스승이 된다. 동물과 식물에서도 배울 수 있으며, 심지어 무생물에서도 배울 수 있다. 예컨대 개미나 나무 그리고 물에서 배울 수 있는 교훈이 있다. 어린 손자나 손녀에게서 배울 점도 적지 않다. 스펀지를 생각해보자. 스펀지 본체의 사용처는 참으로 다양해졌다. 운동화, 침대나 소파, 방석 쿠션 같은 데는 필수적이다. 스펀지에서 얻을 수 있는 교훈은 무엇인가?

첫째는 액체를 흡수하고 물기를 닦아낸다. 스펀지의 수용성을 본받을 필요가 있다. 인간이 공동생활을 하다보면 서로 의견이 엇갈리는 일이 많다. 다양한 의견을 수용하지 못하면 갈등이 생긴다. 스펀지처럼 다른 사람의 의견을 수용하는 태도가 우리에게 꼭 필요하다.

둘째는 충격을 완화해준다. 스펀지를 사용한 구두, 운동화, 권투장갑 등은 외부에서 가해진 압력을 완화해준다. 이런 유연성을 본받을 필요가 있다.

셋째는 자기 주변에 있는 것은 무엇이든 빨아들이고 거른 다음 빠져나가지 못하도록 단단하게 움켜잡는다. 한번 배운 지식을 잘 소화해서 머리에 간직하는 모범학생 같다. 스펀지의 보관성을 배워야 한다.

넷째는 부드러워서 느낌이 좋다. 스펀지를 싫어하는 사람은 없을 것이다. 인간에게도 호감도가 높아야 한다. 처음 만났을 때 10년지기처럼 친밀감이 풍겨야 한다. 성공한 사람은 대부분 친절하다. 스펀지는 자신의 본질을 잃지 않고 위와 같은 작용을 한다. 스펀지는 무생물이지만 그것이 하는 작용이 마치 긍정주의자 같다.

100가지 긍정 명언

1 긍정마인드는 영혼을 살찌우는 보약이다. 이러한 마인드는 우리
   에게 부, 성공, 즐거움과 건강을 가져다준다. 반대로 부정적인 마
   인드는 영혼의 질병이며 쓰레기다. 이는 부, 성공, 즐거움과 건강
   을 밀어내고 심지어 인생의 모든 것을 앗아간다.   _ 나폴레온 힐

2 이 시대 부자들은 모두 긍정주의자다. 그들이 항상 옳아서가 아
   니라 긍정적인 생각을 품기 때문이다. 심지어 그들이 하는 일이
   틀렸을 때도 그들의 태도는 여전히 긍정적이다. 그들의 긍정적
   사고야말로 그들이 목적을 달성하도록 하고, 스스로를 개선해 결
   국 성공에 이른다.   _ 데이비드 렌즈

3 정신이 올바른 사람에게는 그 무엇도 목표를 달성하는 데에 방해
   가 되지 못한다. 정신이 올바르지 못한 사람에게는 그 무엇도 도
   움이 되지 못한다.   _ 토머스 제퍼슨

4 운 좋은 사람들은 운 없는 사람들과는 다르게 생각하고 행동한다. 운이 좋다고 믿는 사람들은 느긋하고 낙관적이며 마음이 열려 있다. 다양성을 추구하고 기회를 찾아다니며 도전을 긍정적으로 바라본다. 반대로, 운이 없다고 생각하는 사람들은 걱정과 두려움이 많고 시야가 좁다. 다양성을 피하고 기회를 놓치는 경향이 있다.

_ 팀 어시니&바버라 A. 케이

5 어떤 일을 시작하면 일단 잘될 것이라고 낙관하라. 그러면 그 낙관론이 성공을 안겨줄 것이다. 일시적으로 삐걱거리더라도 더 잘되기 위한 진통으로 받아들이고 더 잘될 결과를 생각하라.

_ 톰 피터스

6 긍정적인 사람들은 '나는 할 수 있어! 잘해낼 거야!'라고 생각한다. 그런 자신감은 에너지를 샘솟게 하고 안 될 일도 되게 한다. 그들은 항상 가능성을 보고 더 노력하기 때문에 부정적인 사람보다 앞서갈 수밖에 없다. 긍정적인 사람은 인생이라는 경기를 시작할 때부터 100미터 정도 보너스를 미리 받는 셈이다.

_ 전신애 전 미국 차관보

7 햇빛은 달콤하고, 비는 상쾌하고, 바람은 시원하고, 눈은 기분을 들뜨게 만든다. 세상에 나쁜 날씨란 없다. 서로 다른 좋은 날씨만 있을 뿐이다. _ 존 러스킨

8 행복해서 웃는 것이 아니라 웃어서 행복한 것이다. _ 윌리엄 제임스

9 나는 불가능을 모른다. 나는 뛰어가서 기회를 잡았을 뿐이다.

_ 월트 디즈니

10 시도하고 또 시도하는 자만이 성공을 이루어내고 그것을 유지한다. 시도한다고 잃을 것은 없으며, 성공하면 커다란 수확을 얻게 된다. 그러니 일단 시도해보라. 망설이지 말고 지금 당장 해보라.

_ 클레멘트 스톤

11 성공을 방해하는 세 가지 나쁜 마인드는 첫째 매사에 부정적인 생각을 하는 것, 둘째 게으름과 나태함, 셋째 대충 넘어가는 무사안일주의다.

12 희망으로 가득 찬 사람과 교류하라. 창조적이고 낙관적인 사람과 소통하라. 긍정적이고 능동적으로 행동하라. 그리고 그런 사람을 자신의 주변에 배치하라.

_ 노먼 빈센트 피일

13 할 수 있다는 믿음을 가지면 그런 능력이 없을지라도 결국 할 수 있는 능력을 갖게 된다.

_ 마하트마 간디

14 생각은 우주에서 가장 힘이 세다. 친절한 생각을 하면 친절해진다. 행복한 생각을 하면 행복해진다. 성공을 생각하면 성공한다. 훌륭한 생각을 하면 훌륭해진다. 나쁜 생각을 하면 나쁜 사람이 된다. 질병을 생각하면 아프게 된다. 건강을 생각하면 건강해진다. 당신은 당신이 생각하는 그것이 된다.

_ 클레멘트 스톤

15 인간이 자신에게 요구되는 바를 이뤄내기 위해서는 자신을 실제 모습보다 훨씬 훌륭하다고 여겨야 한다. _ 요한 볼프강 폰 괴테

16 기쁨을 주는 사람만이 더 많은 기쁨을 즐길 수 있다. _ 알렉산더 듀마

17 세상이 당신에게 준 것보다 더 많이 세상에 주라. _ 헨리 포드

18 행동가처럼 생각하라. 그리고 생각하는 사람처럼 행동하라.
_ 헨리 버그슨

19 세상에서 가장 아름다운 것은 세상 그 자체다. _ 스티븐슨

20 유머 감각은 리더십 기술이자 사람들과 잘 어울리고 일을 성사시키는 요령이다. _ 드와이트 아이젠하워

21 사랑은 사람들을 치료한다. 사랑을 받는 사람, 사랑을 주는 사람할 것 없이. _ 칼 메닝거

22 곤란이란 위대한 마음을 키워주는 유모다. _ 브라이언트

23 누가 가장 영광스럽게 사는 사람인가? 한 번도 실패함이 없이 나아가는 사람이 아니라 실패할 때마다 조용히 그러나 힘차게 다시 일어나는 사람이다. _ 스미스

24 자기신뢰가 성공의 제1의 비결이다. _ 랄프 왈도 에머슨

25 어떤 상황에서든 냉정과 평온을 유지하면 반드시 상대방보다 유리한 입장에 서게 된다. _ 토머스 제퍼슨

26 자신은 할 수 없다고 생각하고 있는 동안 사실은 그것을 실천하기 싫다고 다짐하는 것이다. 그러므로 그것은 실행되지 않는 것이다. _ 바뤼흐 스피노자

27 용기는 대단히 중요하다. 근육과 같이 사용함으로써 강해진다. _ 고든

28 누구든지 크나큰 시련을 당하기 전에는 참다운 인간이 못 된다. _ 레오랄지이

29 좋은 가문에서 태어나는 것은 바람직한 일이다. 그러나 그 영광은 조상의 것이다. _ 플루타르코스

30 깨끗한 의복은 좋은 소개장이다. _ 영국 속담

31 노년은 청춘에 못지않은 좋은 기회다. _ 헨리 롱펠로

32 자주 그리고 많이 웃는 것, 현명한 사람들의 존경과 어린이들의 사랑을 받는 것, 정직한 비평가들의 칭찬을 받고 거짓된 친구의

배반을 참아내는 것, 아름다움을 즐기는 것, 타인의 좋은 점을 찾아내는 것, 건강한 아이를 낳고 화단을 가꾸거나 잘못된 것들을 바로잡아 세상을 조금 더 살기 좋게 만드는 것, 당신이 있어 한 생명의 호흡이 좀 더 편했다는 것을 아는 것, 이것이 성공이다.

_랄프 왈도 에머슨

33 내가 만일 인생을 사랑한다면 인생 또한 사랑을 되돌려준다.

34 세상을 보는 데는 두 가지 방법이 있다. 첫 번째는 기적이 없다고 생각하는 것이며 두 번째는 모든 것이 기적이라고 생각하는 것이다.

_알베르트 아인슈타인

35 중요한 것은 순간순간이다. 내가 기억하는 모든 즐거웠던 순간에 감사해야 한다. 어려웠던 순간은 가볍게 지나고 하루하루 살아가면서 기억할 새로운 순간을 만들어야 한다.

36 진정으로 낙관적인 사람은 어려움을 알아도 극복할 수 있다고 믿고, 최악의 경우에 직면해도 최선의 결과를 기대하고 불평할 근거가 있더라도 미소 짓기로 마음먹는다.

37 어떤 일을 착수하기 전에 그 일에 기대를 가져라.

38 웃음이 없는 하루는 낭비한 하루다.

39 우리의 생각, 말, 행동은 긍정적이든 부정적이든 모두 잠재의식에 저장되어 자신의 업(業)을 만든다.

40 가장 힘든 상황에서도 기쁨을 느낄 수 있는 사람이 후회 없는 인생을 산다.

41 최상을 기대하고 최악에 대비하라.

42 역경은 사라지지 않는 행복의 밑거름이다. 그러므로 젊어서는 무슨 일이 있어도 갖은 고생을 다해봐야 한다.

43 마음이 올바르지 않으면 마음 밖에서 무엇을 바라건 헛된 일이다.

44 우리는 믿는 만큼 성취한다.

45 아무도 할 수 없다고 말하는 일을 누군가는 언제나 하고 있다.

46 이 세상에서 걱정할 필요가 없는 것이 두 가지 있다. 당신이 처리할 수 있는 것과 처리할 수 없는 것이다.

47 현재가 과거의 주인이 되게 하라. 그렇지 않으면 과거가 미래의 주인이 될 것이다.

48 시간이란 거의 모든 것을 치료한다. 시간이 시간을 갖도록 해줘라.

49 좋든 나쁘든 정세는 변화하기 마련이다.

50 최고로 좋은 것은 오는 중이다.

51 항상 맑으면 사막이 된다. 비가 내리고 바람이 불어야만 비옥한
땅이 된다.

52 여행은 가슴 떨릴 때 해야지 다리가 떨릴 때 해서는 안 된다.

53 공짜 치즈는 쥐덫 위에만 있다.

54 낯선 이에게 친절하라. 그는 변장한 천사일지 모른다.

55 인생에서 아주 슬픈 세 가지는 할 수 있었는데…… 해야 했는
데…… 해야만 했는데…….

56 같은 실수를 두려워하되 새로운 실수를 두려워하지 마라. 실수는
곧 경험이다.

57 가장 현명한 사람은 큰 문제도 작게 처리하고, 어리석은 사람은
조그마한 불행도 현미경으로 확대하여 스스로 큰 고민 속에 빠진
다.   _ 라 로슈푸코

58 슬픔이 그대의 삶으로 밀려와 마음을 흔들고 소중한 것을 쓸어가

버리면 그대 가슴에 대고 말하라. "이것 또한 지나가리라."

59 산다는 것은 호흡하는 것이 아니라 행동하는 것이다.

60 절망하지 않으면 반드시 성취된다.

61 모든 성장은 어둠 속에서 도약하는 것이다. 경험해보지도 않았고
미리 계획한 것은 아니지만, 무모하더라도 뛰어드는 것이 성장이다.
_ 헨리 밀러

62 궁핍은 영혼과 정신을 낳고, 불행은 위대한 인물을 낳는다.

63 길이 가깝다고 해도 가지 않으면 도달하지 못하며, 일이 작다고
해도 행하지 않으면 성취되지 않는다.

64 나 자신을 아는 것보다 훌륭한 지식은 없다.

65 인간의 모든 일은 마음에 좌우된다. 그러므로 진정 강한 사람은
자신을 통제할 수 있는 사람이다.

66 높은 성과를 올리는 생산적인 사람, 끊임없이 혁신을 꾀하면서 계
속 발전하는 사람, 다른 사람에게 영향을 미칠 수 있는 비중 있는 사
람이 되는 길은 오직 지속적인 관리와 노력밖에 없다.   _ 피터 드러커

67   삶은 꿈과 멀어질수록 지루하고 똑같은 일상의 반복으로 전락하고 만다.
                               _ 아르투르 쇼펜하우어

68   모든 것을 손에 넣으면 희망이 사라진다. 언제나 어느 정도 욕심과 희망을 비축해두어라.

69   우리는 위대한 내면에 무한한 힘, 끝없는 자원을 가지고 있다. 그러나 이 숨겨진 힘, 보이지 않는 자원을 깨닫지 못하는 한 그것들을 이용할 수 없다.

70   걷는 자만이 앞으로 나아갈 수 있다. 노력하는 사람에게 행운이 찾아온다.
                               _ 클레망소

71   가난함으로써 그대가 상속한 재산의 목록은 튼튼한 수족과 굳센 마음, 무슨 일이든 꺼리지 않고 할 수 있는 힘, 슬픔을 가슴에 품고 지그시 견디는 용기와 인내, 작은 것도 고맙게 생각하는 마음, 곤란한 사람을 도울 줄 아는 상냥한 마음.

72   지금을 충실하게 누리고 살면 우리 마음에서 두려움이 사라진다. 무언가를 해야겠다고 생각하는 순간, 정말 무언가 하는 순간, 두려워하는 마음은 깨끗이 사라진다.

73   어떠한 역경 속에도 최고 기회, 최고 지혜가 숨겨져 있다. 실패는 없다. 다만 미래로 이어지는 결과일 뿐이다.

74 능력이 어디까지 뻗어나가느냐는 자신의 한계를 어디까지라고 생각하느냐에 따라 결정된다.

75 길은 가까운 곳에 있다. 그런데 사람들은 헛되이 딴 곳을 찾고 있다. 일은 해보면 쉽다. 시작도 하지 않고 미리 어렵게만 생각하기 때문에 할 수 있는 일들을 놓쳐버리는 것이다.

76 그날 하루를 알차게 보내면 편히 잘 수 있고, 주어진 삶을 알차게 보내면 행복한 죽음을 맞이할 수 있다. _ 레오나르도 다빈치

77 먼저 자신이 평화로워야 다른 사람에게 평화를 줄 수 있다.

_ 토머스 아 켐피스

78 남보다 더 잘하려고 고민하지 마라. 지금의 나보다 잘하려고 애쓰는 게 더 중요하다. _ 윌리엄 포그너

79 부정적인 마음은 결코 당신에게 긍정적인 인생을 주지 않을 것이다.

80 인생의 승리는 모두 용기에서 시작된다. 한 걸음 내딛는 용기, 좌절하지 않는 용기, 자신에게 지지 않는 용기…… 용기만이 벽을 부술 수 있다. _ 이케다 다이사쿠

81 강인하고 긍정적인 태도는 그 어떤 특효약보다 더 많은 기적을

만들어낸다.   _ 패트리샤 닐

82 모든 것을 잃었다 해도 희망만 남아 있다면, 거기에서 모든 것을
다시 시작할 수 있다. 희망은 항상 출발이자 영원한 시작이다.

_ 이케다 다이사쿠

83 긍정적인 생각을 하는 사람은 무슨 일이든 감사하게 받아들인다.

_ 가나모리 우라코

84 가장 하기 힘든 일은 아무 일도 안 하는 것이다.   _ 유대인 격언

85 미덕을 몸에 익히지 못했으면 하다못해 그 시늉이라도 하라.

_ 윌리엄 셰익스피어

86 주님께서 날마다 좋은 생각을 주시며, 밤마다 나의 마음에 교훈
을 주시니, 내가 주님을 찬양합니다.   _ 시편 16:7

87 눈물을 흘리며 씨를 뿌리는 사람은 기쁨으로 거둔다. 울며 씨를
뿌리러 나가는 사람은 기쁨으로 단을 가지고 돌아온다.

_ 시편 126:5~6

88 좋은 때에는 기뻐하고, 어려운 때에는 생각해라. 하나님은 좋은
때도 있게 하시고, 나쁜 때도 있게 하신다. 그러기에 사람은 제 앞
일을 알지 못한다.   _ 전도서 7:14

89 그러므로 내일 일을 걱정하지 말라. 내일 걱정은 내일이 맡아서 할 것이다. 한날의 괴로움은 그날에 겪는 것으로 족하다.

_ 마태복음 6:34

90 소망을 품고 즐거워하며, 환난을 당할 때에 참으며, 기도를 꾸준히 하라.

_ 로마서 12:12

91 어떤 결과라도 기꺼이 받아들일 용의가 있는 한 이 세상에 못할 일은 없다.

_ 서머싯 몸

92 일은 세 가지 악덕을 몰아낸다. 권태, 타락, 빈곤이 그것이다.

_ 볼테르

93 삶의 핵심은, 그것도 긍정주의자로 사는 인생의 핵심은 아직 최상의 미래가 도래하지 않았다고 믿을 정도로 순진해지는 것이다.

94 나는 나를 웃게 하는 사람들을 사랑한다. 솔직히 내가 가장 좋아하는 것은 웃는 것이다. 웃음은 수많은 질병을 치료해준다. 웃음은 아마도 사람에게 가장 중요한 것일 것이다.

95 남이 잘함만을 보고 박수를 쳐라. 그래야 복을 받는다.

96 배움은 그 주인을 어디에나 따라다니는 보물이다. _ 중국 속담

97 힘든 장애물에 부딪혀 넘어지고 실패하는 것은 결코 부끄러운 일이 아니다. 실패 역시 꿈에 속하기 때문이다.　　　　_ 슈뢰더

98 변할 수 없는 것이 아니라 '지금 상황을 유지하는 게' 편하기 때문에 변하지 않기로 결정한 것이다.

99 어제가 있고, 오늘이 있고, 내일이 있다는 것은 참 좋은 일이다. 어제는 지나갔기 때문에 좋고, 내일은 올 것이기 때문에 좋고, 오늘은 무엇이든 할 수 있기 때문에 좋다.

100 "나는 최선을 다했다." 이 삶의 철학 하나면 충분하다.　　_ 린위탕

중앙경제평론사 Joongang Economy Publishing Co.
중앙생활사 | 중앙에듀북스 Joongang Life Publishing Co./Joongang Edubooks Publishing Co.

중앙경제평론사는 오늘보다 나은 내일을 창조한다는 신념 아래 설립된 경제 · 경영서 전문 출판사로서
성공을 꿈꾸는 직장인, 경영인에게 전문지식과 자기계발의 지혜를 주는 책을 발간하고 있습니다.

모든 성공은 긍정의 말에서 시작된다

초판 1쇄 인쇄 | 2018년 1월 17일
초판 1쇄 발행 | 2018년 1월 22일

지은이 | 유성은(SeongEun Yu)
펴낸이 | 최점옥(JeomOg Choi)
펴낸곳 | 중앙경제평론사(Joongang Economy Publishing Co.)

대　　표 | 김용주
책임편집 | 이상희
본문디자인 | 변영은

출력 | 케이피알　종이 | 한솔PNS　인쇄 | 케이피알　제본 | 은정제책사

잘못된 책은 구입한 서점에서 교환해드립니다.
가격은 표지 뒷면에 있습니다.
ISBN 978-89-6054-201-3(03320)

등록 | 1991년 4월 10일 제2-1153호
주소 | ㉾ 04590 서울시 중구 다산로20길 5(신당4동 340-128) 중앙빌딩
전화 | (02)2253-4463(代)　팩스 | (02)2253-7988
홈페이지 | www.japub.co.kr　블로그 | http://blog.naver.com/japub
페이스북 | https://www.facebook.com/japub.co.kr　이메일 | japub@naver.com
♣ 중앙경제평론사는 중앙생활사 · 중앙에듀북스와 자매회사입니다.

※ 이 도서의 국립중앙도서관 출판시도서목록(CIP)은 서지정보유통지원시스템 홈페이지(http://seoji.nl.go.kr)와
국가자료공동목록시스템(http://www.nl.go.kr/kolisnet)에서 이용하실 수 있습니다.(CIP제어번호:CIP2018000268)

중앙경제평론사에서는 여러분의 소중한 원고를 기다리고 있습니다. 원고 투고는 이메일을 이용해주세요.
최선을 다해 독자들에게 사랑받는 양서로 만들어 드리겠습니다. **이메일** | japub@naver.com